De Josué a Crónicas

Serie «Conozca su Biblia»

De Josué a Crónicas

por Renata Furst

Augsburg Fortress

MINNEAPOLIS

Esta serie

«¿Cómo podré entender, si alguien no me enseña?» (Hechos 8.31). Con estas palabras el etíope le expresa a Felipe una dificultad muy común entre los creyentes. Se nos dice que leamos la Biblia, que la estudiemos, que hagamos de su lectura un hábito diario. Pero se nos dice poco que pueda ayudarnos a leerla, a amarla, a comprenderla. El propósito de esta serie es responder a esa necesidad. No pretendemos decirles a nuestros lectores «lo que la Biblia dice», como si ya entonces no fuese necesario leer la Biblia misma para recibir su mensaje. Al contrario, lo que esperamos lograr es que la Biblia sea más leíble, más inteligible para el creyente típico, de modo que pueda leerla con mayor gusto, comprensión y fidelidad a su mensaje. Como el etíope, nuestro pueblo de habla hispana pide que se le enseñe, que se le explique, que se le invite a pensar y a creer. Y eso es precisamente lo que esta serie busca.

Por ello, nuestra primera advertencia, estimado lector o lectora, es que al leer esta serie tenga usted su Biblia a la mano, que la lea a la par de estos libros, para que su mensaje y su poder se le hagan manifiestos. No piense en modo alguno que estos libros substituyen o pretenden substituir al texto sagrado mismo. La meta no es que usted lea estos libros, sino que lea la Biblia con nueva y más profunda comprensión.

Por otra parte, la Biblia —como cualquier texto, situación o acontecimiento— se interpreta siempre dentro de un contexto. La Biblia responde a las preguntas que le hacemos; y esas preguntas dependen en buena medida de quiénes somos, cuáles son nuestras inquietudes, nuestra dificultades, nuestros sueños. Por ello estos libros escritos en

v

nuestra lengua, por personas que se han formado en nuestra cultura y la conocen. Gracias a Dios, durante los últimos veinte años ha surgido dentro de nuestra comunidad latina todo un cuerpo de eruditos, estudiosos de la Biblia que no tiene nada que envidiarle a ninguna otra cultura o tradición. Tales son las personas a quienes hemos invitado a escribir para esta serie. Son personas con amplia experiencia pastoral y docente, que escriben para que se les entienda y no para ofuscar. Son personas que a través de los años han ido descubriendo las dificultades en que algunos creyentes y estudiantes tropiezan al estudiar la Biblia —particularmente los creyentes y estudiantes latinos. Son personas que se han dedicado a buscar modos de superar esas dificultades y de facilitar el aprendizaje. Son personas que escriben, no para mostrar cuánto saben, sino para iluminar el texto sagrado y ayudarnos a todos a seguirlo.

Por tanto, este servidor, así como todos los colegas que colaboran en esta serie, le invitamos a que, junto a nosotros y desde la perspectiva latina que tenemos en común, se acerque usted a estos libros en oración, sabiendo que la oración de fe siempre recibirá respuesta.

Nota del editor:

Aunque en nuestras Biblias el libro de Rut se encuentra entre Jueces y Samuel, no es así en la Biblia hebrea, que lo coloca entre otra literatura más afín al libro mismo. Por ello, el presente volumen, que trata sobre los llamados «libros históricos», no incluye el libro de Rut, cuyo comentario aparecerá más adelante en esta serie.

Justo L. González
Editor General
Julio de 2005

Contenido

Introducción

*Id y preguntad a Jehová
por mí, por el pueblo, y por todo Judá,
acerca de las palabras de este libro
que se ha hallado...*
Josías, rey de Judá
2 R 22.13

1. El impacto de un libro

El transcurso de la historia de un pueblo puede cambiar con el descubrimiento de un libro. Esto ocurrió durante el reino de Josías, rey de Israel en el año 622 a.C. El rey mandó a limpiar y reparar el templo de Jehová en Jerusalén, y los trabajadores encontraron un libro que probablemente era el que hoy llamamos Deuteronomio. Al leer el libro, Josías se dio cuenta de cuán profundamente el pueblo de Israel había abandonado y ofendido a Jehová su Dios. ¿Qué hacer?

Josías envió a los sacerdotes a preguntarle a la profetisa Hulda cuál era la voluntad de Dios en relación a las palabras que habían encontrado en el libro. Ella respondió: «...por cuanto me han dejado y han ofrecido sacrificios a dioses ajenos, provocándome a ira con todas las obras de sus manos, por tanto, se derramará mi ira sobre este lugar y no se apagará» (2 Cr 34.25). Pero la misericordia de Jehová no tarda en manifestarse: «Por cuanto oíste las palabras del libro y tu corazón se conmovió, te humillaste delante de mí, rasgaste tus vestidos y lloraste en mi presencia, yo también te he oído, dice Jehová...» (2 Cr 34. 27).

Los libros de los Reyes y Crónicas relatan la gran reforma religiosa que lanzó este joven rey en Judá. No solamente hubo una reforma del culto a Jehová, sino que el libro provocó un movimiento que reinterpretó la historia de Israel a la luz de la Ley de Dios. Los «deuteronomistas», como se llama a los miembros de este movimiento, recopilaron materiales que relataban la historia de Israel —materiales tales como las crónicas de los reyes de Israel y Judá. Amoldaron estas fuentes orales y literarias para que reflejaran su reinterpretación teológica de la historia de la relación de Jehová con el pueblo de Israel. Un concepto clave que identificaron es que la misericordia de Dios es más grande que todas las ofensas perpetradas por el pueblo en su contra. Esa fue la experiencia del joven rey Josías. Este movimiento continuó su reflexión teológica aún después que la monarquía dejó de existir en Israel, cuando el pueblo pensó que Dios le había abandonado. Sin embargo, los deuteronomistas continuaron formando un cuerpo de literatura —los libros históricos que poco a poco enfocaron la esperanza de que Dios salvaría a su pueblo.

«Id y preguntad a Jehová por mí... acerca de las palabras de este libro». El libro descubierto por Josías tuvo un impacto inmediato en su mundo, pero también sigue teniéndolo en el nuestro. Los libros históricos en el Antiguo testamento son parte de la herencia religiosa de los judíos y de los cristianos. Le dieron forma a la visión y misión de Jesús y siguen dándosela a nuestras comunidades cristianas hasta hoy.

2. ¿Qué es un libro histórico?

Cuando usamos la descripción «libros históricos», nos referimos a una serie de libros en el Antiguo Testamento —Josué, Jueces, los dos libros de Samuel, los dos de Reyes y los dos de Crónicas— que junto con el Pentateuco (los primeros cinco libros de la Biblia) presentan un panorama de la historia del pueblo de Israel. El Pentateuco abarca grandes eventos como la fundación del pueblo de Israel por medio de las promesas a Abraham y a los patriarcas, el Éxodo o salida de Egipto, la Alianza que Dios hace con su pueblo y las leyes que rigen su vida social y religiosa. Los libros históricos narran los eventos que corresponden a la conquista de la tierra prometida por Josué, el gobierno de las tribus por medio de jueces o caudillos, el establecimiento del reino de Israel, su división en dos reinos (Israel en el norte y Judá en el sur), y finalmente la destrucción de ambos entre los siglos 8 y 6 a.C.

Estas historias fueron escritas desde la perspectiva de una sociedad de hace tres milenios, y por esta razón a nosotros se nos puede hacer difícil captar la rica reflexión que estos libros comunican sobre la relación con Jehová. En esta introducción vamos a examinar el marco o contexto en que se sitúa esta extraordinaria historia de cómo Jehová camina con su pueblo...

Aunque se les clasifique entre los «libros históricos» en la Biblia, estos escritos no presentan la historia como la imaginamos en nuestra época moderna. No son sencillamente la transmisión de hechos y eventos tal como sucedieron, sin ninguna influencia o punto de vista en su presentación. No son un artículo de periódico, ni de enciclopedia. Tampoco son una novela, ni una obra de literatura (aunque su calidad literaria es muy fina). Más bien son la recopilación de diversos materiales retrabajados desde el punto de vista de la fe, o sea desde un punto de vista teológico. Este material incluye tradiciones que se transmitieron oralmente, eventos inscritos en anales o libros escritos para los reyes de Israel y Judá, y también leyendas populares que cuentan las proezas de los grandes héroes y profetas de esa época.

El material de estos libros relata acontecimientos que tuvieron lugar entre los siglos 12 y 6 a.C. Los redactores de esa época respondían a las inquietudes de los israelitas que se encontraban desterrados y se preguntaban por qué Jehová había permitido la destrucción y deportación de su pueblo por sus enemigos, los asiros. A este grupo de redactores se les llama «los deuteronomistas» porque el libro del Deuteronomio recopila y refleja su punto de vista teológico. Se cree que estos redactores cimentaron su punto de vista durante el reinado de Josías, rey de Judá (622 a.C.) y que este movimiento continuó recogiendo y corrigiendo materiales tomados de tradiciones tanto del reino del norte (Israel) como del reino del sur (Judá). La recopilación final de este material sucedió probablemente durante los siglos 6 al 5 a.C.

¿Cuáles son algunas de las características de la teología deuteronomista? Este es un tema muy debatido entre biblistas, pero aquí presentaremos unos rasgos generales. La teología deuteronomista enfoca la importancia de obedecer la alianza que Jehová había hecho con su pueblo durante el Éxodo, especialmente en lo que concierne a la justicia social y a la fidelidad al culto de Jehová. En los libros que reflejan el punto de vista deuteronomista encontramos ceremonias en las cuales se relee la ley de Moisés (como el caso de Josué, antes de cruzar el río Jordán) y se celebra la Pascua antes de comenzar una nueva etapa en la vida nacional del pueblo. El pueblo de Israel no debe construir altares a otros dioses, ni tampoco altares a Jehová que no hayan sido sancionados por Dios mismo (Jos 23-24; Dt 4-11). Otro tema de los deuteronomistas es que cada generación debe decidir si va obedecer a Jehová o no. Por eso, en el libro de los Jueces se impone un ciclo de desobediencia, arrepentimiento, misericordia de parte de Dios y «salvación» de manos de los enemigos que acechan al pueblo de Israel.

La teología deuteronomista señala al rey David como el paradigma del rey que obedece a Dios. Jehová hace una alianza personal con David prometiéndole un sucesor para siempre si sus descendientes obedecen su Ley (2 S 7). Según los deuteronomistas, este convenio personal no sustituye la alianza hecha por Jehová con Abraham, ni con Moisés, sino que manifiesta la realización de estas promesas. Por esta razón, el libro de los Reyes evalúa a los reyes de Judá usando dos fórmulas: (1) Si la evaluación es negativa: «E hizo... lo malo ante los ojos de Jehová, pues no siguió cumplidamente a Jehová como su padre David» (1 R 11.5). (2) Si la evaluación es positiva: «Hizo lo recto ante los ojos de Jehová y anduvo en todo el camino de David, su padre, sin apartarse a derecha ni a la izquierda» (2 R 22.2). Según los autores deuteronomistas la fidelidad de Jehová hacia la casa de David se nota por la manera en que salva al pueblo cuando está en peligro, y cómo lo hace «por amor a mí mismo, y por amor a David, mi siervo» (2 R 19.34).

Se puede decir que los libros históricos son polifónicos, o sea que en ellos no se escucha solamente la voz de una persona, sino que hay varias voces diferentes que al juntarlas forman un coro. Cada libro histórico es la obra de toda una comunidad reflexionando a través de varios siglos, y no de un solo autor. Por lo tanto, estos libros pueden transmitir varios puntos de vista sobre un solo tema, y a veces esos puntos de vista pueden oponerse. En los dos libros de los Reyes por ejemplo, existen dos tradiciones sobre el deseo del pueblo de Israel de tener un rey como las demás naciones. Según un punto de vista, al pedir un rey el pueblo rechaza el gobierno de Jehová. Pero al mismo tiempo el rey es símbolo de la fidelidad de Jehová hacia el pueblo de Israel.

3. Geografía de Israel

La geografía de Israel tuvo un gran impacto sobre la forma en que el pueblo meditó y vivió su fe. Por esa razón vamos a echar un breve vistazo a esta tierra que Jehová prometió a las tribus de Israel. La tierra de Israel, que también se le llama Canaán o Palestina, es una angosta franja de territorio que mide aproximadamente 150 millas (242 km) de norte a sur y 75 millas (121 km) en su anchura total, y que está en la costa este del mar Mediterráneo. Al este del país se encuentra el desierto de Arabia, y al sur el desierto del Sinaí. Solamente hacia el norte se encontraban las tierras más o menos fértiles de Siria. Israel formaba un corredor o pasillo de tierra accesible que unía los grandes imperios de su época —Asiria y Egipto. Como veremos más adelante, su posición geográfica influyó mucho en los acontecimientos políticos, militares y religiosos de esta pequeña nación.

El territorio de Israel o Palestina es muy quebrado. Al oeste, junto al mar Mediterráneo, hay una llanura costera que se extiende desde el norte hacia el sur. Al este de esa franja, le siguen montañas, un valle profundo que contiene el Río Jordán y el Mar Muerto, y por último los altiplanos y montañas del este (región que también se llama Transjordania). Esta estructura de zonas que corren de norte a sur es traspasada por angostos valles que permiten un poco de movimiento de este a oeste. Así pues, Israel está compuesto de varias regiones que no se comunicaban fácilmente entre sí. Por su quebrantada geografía, la falta de grandes ríos y la pobre calidad del terreno, en Israel había muy poca tierra cultivable. La agricultura dependía de lluvias que caían entre octubre y abril, y por lo tanto los cultivos suplían las necesidades básicas de las familias, sin dejar mucho de sobra.

4. Monarquía, profetismo y culto: Instituciones sociales claves en Israel

En su apogeo, la sociedad de Israel giraba en torno a tres grandes instituciones que le daban su identidad como pueblo: la monarquía, los profetas y el culto. Estas instituciones existían en los pueblos alrededor de Israel, pero la Biblia los enfoca desde el punto de vista de la relación del pueblo de Israel con Jehová su Dios.

4.1. La monarquía

En el libro de Jueces y en 1 Samuel, Israel es una confederación de tribus que se reunía para luchar contra enemigos comunes y a menudo entre ellos mismos. Las tribus eran gobernadas por «jueces» líderes enviados por Dios, cuyo mandato terminaba con su propia muerte. Sin embargo, en Israel comenzaba a implantarse una creciente desigualdad social en la que algunas tribus resultaban más ricas que otras. Mientras tanto, entre 1150 y 1050 a.C. los filisteos, un pueblo de guerreros, regido por un sistema y una tecnología militares superiores, amenazaba a los israelitas. Así pues, el pueblo le pidió al profeta Samuel un «rey». Este sería una persona capaz de organizar y entrenar un ejército permanente, unificar a las tribus y enfrentarse a los filisteos.

Pero la Biblia representa la presencia de un rey de una manera ambivalente. Un rey también sería un riesgo para la libertad del pueblo. Samuel lo describe así:

«Este será el proceder del rey que reine sobre vosotros: Tomará a vuestros hijos y los pondrá en sus carros y en su caballería, para que corran delante de su carro. Nombrará para sí jefes de millares y jefes de cincuenta. Hará que aren sus campos y sieguen su mies, que fabriquen sus armas de guerra y el equipo de sus carros. Tomará a vuestras hijas para que sean perfumadoras, cocineras y panaderas. También tomará lo mejor de vuestras tierras, de vuestras viñas y de vuestros olivares, y los dará a sus servidores. Tomará el diezmo de vuestros granos y viñedos para dárselo a sus funcionarios y servidores. Tomará a vuestros siervos, a vuestras siervas, vuestros mejores bueyes y vuestros mejores asnos para ocuparlos en sus obras. También tomará el diezmo de vuestros rebaños, y vosotros mismos seréis sus siervos. Aquel día clamaréis a causa de vuestro rey que os habréis elegido, pero aquel día Jehová no os escuchará».

Sin embargo, el pueblo rehusó escuchar a Samuel. Y dijeron: «¡No! Más bien, que haya rey sobre nosotros» (1S 8.11-19).

El «rey» elegido por ellos y aprobado por Jehová es Saúl hijo de Quis de la tribu de Benjamín. Al pedir un rey, el pueblo muestra su desconfianza en el poder liberador de Jehová, y así comienza una relación ambivalente entre la monarquía en Israel y su Dios.

> Así ha dicho Jehová Dios de Israel: Yo saqué a Israel de Egipto, librándoos de mano de los egipcios y de mano de todos los reinos que os oprimieron. Pero vosotros habéis desechado hoy a vuestro Dios, quien os libra de todas vuestras desgracias y angustias, y habéis dicho: ¡No! Más bien, constituye un rey sobre nosotros (1S 10.19).

La Biblia nos muestra cómo Israel perdió poco a poco su libertad a través de los reinos de Saúl, David y Salomón. Saúl es el primer rey ungido y reconocido como tal por todo el pueblo. Sin embargo, el texto bíblico usa la palabra hebrea *nagid*, o sea «príncipe» o dirigente militar, y no *melek*, o sea rey, cuando se refiere a Saúl. Saúl actuó más bien como un caudillo: reunía un ejército por medio de la fuerza de su propia personalidad, no tenía un sistema fijo para recaudar impuestos, y no construyó una capital para su gobierno. Saúl tampoco trató de unificar el culto a Jehová construyendo un templo central.

En el reinado de David vemos más claramente la transición del caudillismo hacia una verdadera monarquía. Al principio David fue reconocido como líder o *nagid* de las tribus de Judá en el sur del país. Sirvió a Saúl en sus batallas contra los filisteos. Pero poco a poco se convirtió en enemigo de Saúl porque sus hazañas militares comenzaron a sobrepasar las de Saúl. El rey entonces comenzó a celar a David, lo persiguió y finalmente David tuvo que luchar contra él.

Al morir Saúl, las tribus de Israel (en el norte), se acercaron a David y lo proclamaron rey sobre todas las tribus de Israel en el norte y en el sur. Hasta este momento las tribus, con su poder regional, todavía tenían autonomía para elegir o rechazar al rey, a pesar de que este había sido ungido por el profeta Samuel. Con este nuevo poder David derrotó a los filisteos, y también integró dentro de la sociedad israelita a los cananeos, un pueblo que adoraba dioses de la naturaleza y que residía en medio de Israel. La Biblia usa tanto la palabra *nagid* (príncipe o caudillo) como *melek* (rey) para describir a David.

David continuó centralizando su poder. Capturó la ciudad cananea de Jerusalén, haciéndola su capital. Centralizó la administración en Jerusalén, aunque todavía usaba la antigua estructura de las «tribus» o familias para recaudar ingresos. Trajo el arca de Jehová, el objeto más importante para el culto, a la ciudad de Jerusalén. Así comienza la centralización del culto. Finalmente, David sujetó a los reyes de Transjordania, o sea el territorio al este del río Jordán, y de esta manera protegió al pueblo de ataques de pueblos enemigos. Al finalizar su reino, David se encontraba en un momento en que «Jehová le había dado descanso de todos sus enemigos en derredor» (2 S 7.1). David fue el verdadero fundador de la «casa de David», o sea la monarquía en Israel.

Reyes y Crónicas narran la historia de la ascensión de Salomón, hijo de David, al trono. En Salomón vemos un rey (*melek*) enteramente conforme al patrón de los reyes del Oriente antiguo. Salomón desplazó a su hermano Adonías, a quien le tocaba el trono por ser el hijo mayor. Mandó a ejecutar a su hermano por haber tratado de apoderarse de las mujeres del rey David, una acción tradicional de desprecio y agresión contra el rey que las «poseía». Además encontró la manera de ejecutar a los enemigos de su padre, y así estableció su poder absoluto (1 R 1.28-11.43).

Salomón también consolidó su poder sobre el país al eliminar la jerarquía de las tribus. En la época de David, oficiales pertenecientes a cada tribu se encargaban de cobrar los impuestos a su gente, y así mantenían algo de su autonomía. Salomón, sin embargo, se deshizo de ellos e impuso administradores leales a su gobierno. Al establecer este sistema, el rey pudo expandir la base de sus rentas. Antes, la monarquía contaba solamente con el exceso producido en la agricultura. Salomón añadió a esto los impuestos sobre caravanas que viajaban del Oriente hacia Egipto y los intercambios comerciales que permitían estos contactos.

El nuevo gobernante creó la monarquía más prestigiosa para los israelitas, pero al mismo tiempo favoreció el crecimiento de una clase rica, y el empobrecimiento y la esclavización del pueblo en general. Salomón usó los ingresos adicionales para construir defensas, aumentar su ejército y llevar a cabo grandes obras de construcción. Estas obras de construcción incluyeron fortalezas por todo el país, el templo en Jerusalén que Jehová le había prometido a su padre David y un palacio para sí mismo, cuyo tamaño excedió el del mismo templo. Estas obras se llevaron a cabo con trabajo forzado, tomado en mayor parte de los habitantes que no eran israelitas (cananeos, etc.). Además de esto, en la época de Salomón el mismo pueblo israelita comenzó a ser desplazado de las tierras que habían pertenecido a sus antepasados.

La monarquía en Israel fue percibida como una bendición, y también como el origen o medio de la destrucción del pueblo de Israel. A través de los dos libros de Samuel, y con más insistencia en Reyes, la monarquía se convierte en un instrumento de deslealtad hacia Jehová. Samuel les había dado pautas tanto al rey como al pueblo:

> Ahora pues, he aquí el rey que habéis elegido, el cual habéis pedido. He aquí que Jehová ha constituido un rey sobre vosotros. Si teméis a Jehová y le servís, si obedecéis su voz y no os rebeláis contra el mandato de Jehová, entonces viviréis en pos de Jehová vuestro Dios, tanto vosotros como el rey que reine sobre vosotros. Pero si no obedecéis la voz de Jehová y si sois rebeldes al mandato de Jehová, entonces la mano de Jehová estará contra vosotros y contra vuestro rey (1S 12.11-15).

Las presiones políticas, sociales y militares sobre la monarquía cambiaron la estructura ética de la sociedad israelita. Mantener una monarquía con sus lujos y prestigios crea las condiciones que socavan la lealtad hacia Jehová. Estas presiones incluían el peligro de invasiones por pueblos extranjeros, cambios en la política internacional, cambios en patrones de comercio y el desequilibrio social que resulta cuando se trata de usar un pueblo que apenas vive de la agricultura para grandes trabajos y empresas.

Tristemente, Reyes y Crónicas concluyen la historia de la mayoría de los reyes de Israel y Judá con una fórmula que muestra cómo cada rey había fallado en su fidelidad hacia Jehová: «Él hizo lo malo ante los ojos de Jehová...», y Reyes añade: «...y anduvo en el camino de Jeroboam y en sus pecados con los que hizo pecar a Israel» (1 R 15.34). Jeroboam es el rey cuyas acciones más ofendieron a Jehová.

4.2. ¿Qué es un profeta?

Podríamos definir a un profeta o a una profetisa (menos común en la Biblia) como una persona que recibe una «inspiración» o una palabra proveniente del Espíritu de Dios. Sin embargo, esto no abarcaría todo el sentido que le da la Biblia a este tipo de persona. La Biblia usa varias palabras para referirse a la persona de un profeta. «Profeta» es una palabra derivada de la traducción griega del Antiguo Testamento cuyo significado es: «alguien que habla por otro, especialmente un dios». En hebreo existen varios términos intercambiables, pero el más común es nabi, que significa una persona llamada —alguien que no es designado por otra persona, ni instalada por su poder político. El ejemplo clásico de este tipo de profeta es Samuel, a quien Jehová «llama» para servir a su pueblo como juez y profeta. También existen términos cuyo sentido es «el que ve» o «el visionario». Estos términos pueden ser aún más antiguos que nabi. Así lo explica el narrador del primer libro de Samuel: «Antiguamente en Israel cualquiera que iba a consultar a Dios decía: "Venid y vayamos al vidente", porque al profeta de hoy, antiguamente se le llamaba vidente» (1 S 9.9).

¿Cómo y cuándo empezaron a darse profetas en Israel? Se notan personajes proféticos mucho antes de los libros de Samuel y Reyes. La Biblia se refiere a Moisés como un gran profeta enviado a su pueblo y en una escena en el libro de Números, Jehová envía su Espíritu sobre 70 hombres: «Entonces Jehová descendió en la nube y le habló. Tomó del Espíritu que estaba sobre él y lo puso sobre los setenta ancianos. Y sucedió que cuando el Espíritu se posó sobre ellos, profetizaron; pero no continuaron haciéndolo» (Nu 11.24).

Sin embargo, no es hasta el libro de los Jueces, que cuenta la historia de los primeros asentamientos de los Israelitas en la tierra prometida, que se reconoce una función profética en Israel. Una de las funciones de los profetas era la de reclutar y animar a los guerreros que defendían las tierras de las invasiones extranjeras. Estos profetas caían en éxtasis y frecuentemente hacían grandes prodigios o milagros. Frecuentemente daban consejos militares a los guerreros y pronunciaban una bendición o reprendían al pueblo. Los profetas que encontramos en Samuel, Reyes y Crónicas —Samuel, Elías, Eliseo e Isaías— son semejantes a este tipo de profeta.

Otro tipo de profeta transmite un mensaje en el contexto del culto a Jehová. El libro de Samuel representa al pequeño Samuel creciendo en un templo y es posible que su ministerio comenzara ahí. El profeta muchas veces actúa como emisario de Dios, una función que se nota en el uso de la fórmula: «Así dice Jehová...». Muchas veces, el profeta también servía para legitimar el poder del rey por medio de la unción. Así lo hace Samuel en el caso de Saúl y David, y Natán con Salomón. Más adelante veremos que hubo profetas que anunciaron la desintegración del reino de Israel. En estos casos podemos decir que la institución de la profecía ocupaba un lugar central en la sociedad de Israel.

Sin embargo, el papel más importante que juegan los profetas es el de emisario ético; o sea que los profetas enfocan males sociales y religiosos como la idolatría, el ritualismo y la injusticia social para que el pueblo se arrepienta y deje esas prácticas. Esto sucedió cuando el profetismo dejó de legitimar el poder y se convirtió en una institución que actuaba desde la periferia, desde los márgenes de la sociedad. El profeta Elías, que debe huir del poder de la reina Jezabel, es un ejemplo de este tipo de profetismo. (2 R 19.1-3)

El profetismo que existió en la época descrita en Samuel, Reyes y Crónicas no se limita solamente a los personajes proféticos representados en estos libros. La Biblia también incluye la obra de los profetas Amos, Oseas, Miqueas e Isaías, cuyos oráculos fueron coleccionados, escritos y finalmente redactados para formar los libros que llevan sus nombres. Estos libros amplían nuestro conocimiento de las condiciones sociales y espirituales de esa época. Amos por ejemplo, nos brinda un esquema de la injusticia social que vivió el pueblo de Israel durante la monarquía. En cambio, Oseas traza el impacto de la idolatría sobre todo aspecto de la vida del pueblo. Todos estos libros critican con severidad las otras grandes instituciones sociales —la monarquía y el culto.

4.3. El culto

El libro de Josué representa el culto a Jehová como una reproducción fiel del culto tal y como lo estableció Moisés. La presencia de Jehová acompaña al pueblo en el Arca de la Alianza, y la conquista de la tierra prometida comienza con solemnes liturgias. En el siguiente libro, el de los Jueces, surgen santuarios dedicados a Jehová que poco a poco caen bajo la influencia de los dioses cananeos.

Reyes y crónicas narran una de las grandes transiciones que se llevan a cabo en la relación entre el pueblo de Israel y Jehová su Dios. En vez de un Dios que ha «estado peregrinando en una tienda y en un tabernáculo» (2 S 7.6), Jehová se convierte en un Dios cuyo culto está más o menos centralizado en un magnífico templo en Jerusalén. Hasta ese momento, el Arca, una caja que contenía las tablas en las que Dios había inscrito la ley, se movía de lugar en lugar. La presencia de Jehová reposaba en el Arca, que por lo tanto tenía que ser transportada por sacerdotes, personas elegidas para acercarse a Jehová.

Además de la tienda o tabernáculo donde se guarda el Arca, existían otros lugares en los cuales se rendía culto a Jehová desde muchos siglos antes. Existían santuarios tanto en el norte como en el sur del país — en Silo, Nob, Gilgal, Betel y Dan, entre otros. Al edificarse el templo en Jerusalén, el Arca fue depositada permanentemente allí, y estos otros lugares fueron objeto de una gran polémica que trató de desprestigiarlos como centros para el culto de Jehová. A menudo fueron acusados de ser centros de idolatría. Esta polémica se intensificó al dividirse en dos el reino de Israel. Los reyes del norte trataron de construir santuarios para Jehová para evitar el peregrinaje de su población hacia Judá. Como veremos más adelante, a esta transición también se sumó una intensa batalla contra el culto de Jehová por parte de la teología y los dioses de los pueblos extranjeros que vivían en medio de Israel o en su alrededor.

Aunque la Biblia nos muestra a personas que no eran sacerdotes ofreciéndole culto a Jehová —como los patriarcas Abraham, Jacob y otros— en la época de Reyes y Crónicas el culto ya estaba a cargo de una persona especialmente asignada a ese servicio, o sea el sacerdote.

El sacerdocio se transmitía de generación en generación. El primer libro de Samuel, por ejemplo, describe el servicio de Elí, sacerdote en Silo, el santuario donde crece el profeta Samuel. Este sacerdote no supo transmitir a sus hijos los verdaderos valores de Jehová: «El pecado de los jóvenes era muy grande delante de Jehová, porque los hombres trataban con irreverencia las ofrendas de Jehová» (1 S 2.17). Por lo tanto Jehová usa al pequeño Samuel para profetizar la destrucción de esta familia sacerdotal.

Los sacerdotes también se involucraban en la política. El primer libro de Reyes presenta a dos familias sacerdotales —la de Abiatar y la de Sadoc— quienes apoyan a los dos hijos de David que luchan por ascender al trono. Abiatar, un levita, apoya a Adonías como legítimo heredero del trono de David. Cuando Salomón logra quitarle el trono a su hermano, favorece a Sadoc y encuentra la manera de eliminar a Abiatar.

¿Cuáles eran las funciones del sacerdote? El sacerdote estaba ligado a un santuario en el cual ejercía su ministerio. Se ocupaba de cuidar el santuario, enseñar la *torah*, o sea la ley, consultar a Dios para conocer su voluntad y ofrecer sacrificio. El sacerdote era como un puente entre lo sagrado y lo profano. La santidad que le daba la presencia de Jehová a su casa también se extendía al altar donde se llevaban a cabo los sacrificios. Por lo tanto, todo rito que tenía que ver con sangre o sacrificio tenía que ser desempeñado por un sacerdote. El libro de Levítico (capítulos

1-5.22) define los diferentes tipos de sacrificios, las razones por las que se ofrecen y quién tenía el derecho de consumirlos. Estos sacrificios se ofrecían en acción de gracias, para purificar pecados, cuando se tomaban o hacían votos, o cuando un objeto o lugar santo había sido profanado y debía purificarse.

Esta separación entre lo sagrado y lo profano, que al principio solamente se relacionaba a espacios o lugares, también se convirtió en un concepto que tocaba la ética o el actuar de cada persona. La torah o la ley expresaba la santidad y la voluntad de Jehová para su pueblo, y estaba a cargo de los sacerdotes, cuyo trabajo era proclamarla e interpretarla. Sin embargo, como hemos visto en el caso de Elí, esto no siempre sucedía y por ello los profetas a menudo criticaban el culto.

4.4. Sincretismo

Uno de los grandes pecados que los libros históricos, especialmente Reyes y Crónicas, atribuyen a los gobernantes de Israel es el de permitir el «sincretismo» en Israel, o sea permitir que el pueblo adore a otros dioses. El sincretismo no es solamente «idolatría», sino que es combinar creencias, ritos e imágenes de dioses extranjeros en el culto propio a Jehová. Esta polémica es un elemento tan fundamental en los libros históricos, que vamos a examinarla con más atención en esta sección.

El primer libro de Reyes indica que Salomón le dio lugar al sincretismo en su reino. Este rey forjó alianzas políticas con los pueblos alrededor de su reino, y para cimentar estas alianzas tomó esposas de las familias reales extranjeras, permitiendo que ellas instalaran el culto a sus dioses en Israel.

> Y sucedió que cuando Salomón era ya anciano, sus mujeres hicieron que su corazón se desviara tras otros dioses. Su corazón no fue íntegro para con Jehová su Dios, como el corazón de su padre David. Porque Salomón siguió a Astarte, diosa de los sidonios, y a Moloc, ídolo detestable de los amonitas. Salomón hizo lo malo ante los ojos de Jehová y no siguió plenamente a Jehová como su padre David. Entonces Salomón edificó un lugar alto a Quemós, ídolo detestable de Moab, en el monte que está frente a Jerusalén, y a Moloc, ídolo detestable de los hijos de Amón. Y así hizo para

todas sus mujeres extranjeras, las cuales quemaban incienso y ofrecían sacrificios a sus dioses (1 S 11.4-8).

Esta lista de ídolos, sin embargo, no incluye el ídolo cuyo culto fue una fuerte amenaza al culto oficial a Jehová: el dios Baal.

Baal formaba parte del panteón, o sea la familia de dioses de los cananeos, quienes habían residido en el territorio mucho antes de la llegada de los israelitas (siglo 14 a.C.). Este pueblo había desarrollado una cultura y un culto muy sofisticados. Su culto se basaba en el ciclo de la naturaleza —en la alternación de épocas de sequía con épocas de lluvia. Los cananeos basaron su religión sobre el problema más grande que controlaba sus vidas: la falta de fuentes abundantes de agua y por consecuencia la limitada fertilidad de la tierra. Baal es dios de las tormentas, las lluvias y el rocío; y por lo tanto, es dios de la fertilidad.

Un mito cananeo sobre la lucha entre Baal y el dios de la muerte refleja la lucha para sobrevivir de esta sociedad que habitaba esta zona semiárida. Baal es vencido en una batalla por Mot, dios de la muerte, y así toda la naturaleza se seca y muere. Sin embargo, Anat, diosa de la guerra, hermana y esposa de Baal, destruye a Mot, y Baal resucita. La tierra recibe la lluvia y produce su fruto. Anat da a luz a un hijo de Baal, y este resulta ser un becerro.

Los sacerdotes de Baal usaban la máscara de un becerro durante el culto, porque frecuentemente representaban al dios Baal como tal. Cuando le representaban en forma humana, traía los cuernos de un toro en la frente. En su mano derecha, cargaba un maza (porra) y en la izquierda relámpagos. Reconocemos estos símbolos en la polémica que desató el rey Jeroboam, al tratar de establecer un culto sincrético, combinando elementos del yavismo (el culto a Jehová o Yavé) y del baalismo en el reino del norte, para que sus súbditos no fueran al templo de Jerusalén:

Ahora el reino volverá a la casa de David, si este pueblo sube para ofrecer sacrificios en la casa de Jehová en Jerusalén. El corazón de este pueblo se volverá a su señor Roboam, rey de Judá, y me matarán y volverán a Roboam, rey de Judá. Y habiendo tomado consejo, el rey hizo dos becerros de oro y dijo al pueblo: ¡Bastante habéis subido a Jerusalén! ¡He aquí tus dioses, oh Israel, que te hicieron subir de la tierra de Egipto!

Puso el uno en Betel y el otro lo puso en Dan. Y esto fue ocasión de pecado, porque el pueblo iba para adorar delante de uno de ellos, hasta Dan (1 R 12.27-30).

El libro de los Reyes mide los pecados de cada uno de los reyes que sucedieron a Jeroboam por el gran pecado de instituir este culto en el norte de Israel. La obra de Jeroboam se convierte en una maldición. Aquí vemos al profeta Eliseo proclamando esta maldición contra el rey Acab: «Toda la casa de Acab perecerá; exterminaré a todo varón de Acab en Israel, tanto a los esclavos como a los libres. Yo haré a su casa como a la casa de Jeroboam hijo de Nabat» (2 R 9.8-9).

Siendo el dios de la tormenta, la lluvia y el rocío, Baal controla la fertilidad de la tierra, una cuestión de vida o muerte para los habitantes del territorio de Israel y de Judá. El culto de Jehová lucha contra el sincretismo, atribuyéndole a Jehová el control de la fertilidad. Así el libro de Oseas presenta a Jehová lamentando la infidelidad de su pueblo representado como una esposa, quien corre tras su amante Baal para buscar su sustento:

Pero ella no reconoció que era yo el que le daba el trigo, el vino nuevo y el aceite. Yo le di abundancia de plata y de oro, que ellos usaron para Baal. Por tanto, volveré a tomar mi trigo a su tiempo y mi vino en su época, y quitaré mi lana y mi lino que cubren su desnudez. Ahora pondré al descubierto su locura ante los ojos de sus amantes, y nadie la librará de mi mano (Os 2.8-10).

El nombre «Baal» significa «señor, propietario o dueño», y al cabo del tiempo fue usado en la Biblia en su forma plural —baalim, o los baales— para referirse a los dioses extranjeros. Por todo el territorio de Israel existieron muchos santuarios de Baal, que llevaban el nombre del lugar: Baal-berit en Sechem (Jue 8.33), Baal de Samaria (1 R16.32), Baal del Carmelo (1 R 18.19), Baal del Monte Hermón (Jue 3.3) y finalmente Baalzebul «señor de las moscas» de Ekron (2 R 1.2). Este último reaparece en el Nuevo Testamento, cuando los enemigos de Jesús tratan de atribuir sus obras milagrosas al poder del demonio: «Pero al oírlo, los fariseos dijeron: "Este no echa fuera los demonios sino por Beelzebul, el príncipe de los demonios"» (M 12.24).

4.5. Conclusión: Profeta, culto y rey

Cada etapa en la historia de Israel narrada en los libros históricos realza un problema crucial: ¿Cómo se puede transmitir la fidelidad a Jehová de una generación a la siguiente? Esta fidelidad a Dios se plasma no solamente en un culto que sigue fielmente la Ley de Moisés, sino también en la justicia de los gobernantes y del pueblo hacia el prójimo. Así pues, la adoración al Dios único va mano a mano con la justicia social. La monarquía, el profetismo y el sacerdocio representan el esfuerzo del pueblo de Israel y de Dios para constituir una sociedad fiel a Jehová.

Los libros históricos representan estas tres grandes instituciones sociales —la monarquía, el profetismo y el culto— en una constante transición. Estas instituciones tuvieron su origen en la comunidad nómada que caminó en el desierto con Moisés. En el libro de Josué, un solo personaje ejerce las funciones del liderazgo y la profecía. Este es Josué, el comandante de Moisés en el Pentateuco. El sacerdocio en Josué fue ejercido por los descendientes de Aarón, el hermano de Moisés.

Jueces, el libro que sigue a Josué, representa el momento en la historia de Israel en que cada tribu se gobernaba a sí misma. Sin embargo, en momentos de crisis nacional surgían jueces que funcionaban como gobernantes y caudillos. En esa época también existían el profetismo y el sacerdocio, pero estas instituciones no estaban centralizadas u organizadas en un lugar especial. Había santuarios en todo el territorio de Israel, y generalmente había un sacerdote (y a veces un profeta) que se ocupaba de ellos. El último gran juez en Israel, quien ejercía las tres funciones de sacerdote, profeta y gobernante, es Samuel. Pero aún durante la época del ministerio de este «hombre de Dios» el pueblo de Dios le pidió un rey a Jehová (1 y 2 Samuel). La organización informal de estas instituciones no bastó para defender al pueblo de Israel de los ataques y de la cultura de los pueblos que le rodeaban. Así pues, la monarquía comenzó con dos líderes que eran más bien caudillos que se convirtieron en reyes —Saúl y David. David logró unir a todas las tribus, formando de esta manera un reino unido.

La monarquía unida por David, y establecida por Salomón, se desintegra primero en dos reinos, y después es conquistada por los asirios. El culto a Jehová se transforma en un culto centralizado en el templo de Jerusalén, pero retado por la influencia de religiones politeístas en las que se adoraba a muchos dioses o a los baales ligados a las estaciones de la naturaleza. Finalmente, vimos cómo el profetismo, que comenzó como una fuerza en el centro de la vida política y militar del pueblo, se convirtió en un movimiento de crítica desde la periferia de la sociedad contra la monarquía y el culto.

5. ¿Por qué leer los libros históricos hoy en día?

Una lectura hispana de estos libros ofrece un punto de vista que puede enriquecer a la comunidad cristiana. Hasta el momento, las lecturas que han predominado en las iglesias han sido las «oficiales», o sea las de personas que interpretan desde el centro de poder social. El riesgo de leer cualquier libro de la Biblia exclusivamente desde esta posición es que el texto puede ser usado para autorizar o explicar actitudes o actividades injustas. Los mismos libros históricos son testimonio de la riqueza que puede suscitarse cuando existe la polifonía, o sea cuando un texto se interpreta respetando las voces que están tanto en el margen de la sociedad, como las del centro.

¿Cuáles son algunas de las características de una interpretación hispana? La mayoría de los hispanos no estamos en los grandes centros de poder. Estamos al margen por varias razones: pobreza, racismo, sexismo... Para muchos hispanos, la emigración y el destierro son una experiencia aguda de las fuerzas que marginan a pueblos enteros. Estas experiencias crean «lugares» o sea puntos de vista que quienes viven en el centro de la sociedad no conocen.

También contribuyen a la riqueza de nuestra interpretación los valores enraizados en nuestra cultura. Por ejemplo, si interpretamos la historia de la monarquía en Israel a través el gran valor que les damos a los lazos familiares, vamos a apreciar el amor del profeta Samuel por Saúl, el primer rey de Israel; el sufrimiento del rey David por sus hijos desobedientes; y la gran bendición que Jehová confirió a la casa de David cuando dijo que iba a ser «padre» para todos los descendientes que fueran fieles a él.

¿Cuáles serían algunos de los peligros de una interpretación hispana? Cada pueblo, por más marginado que esté, tiene alguna forma de injusticia arraigada dentro de sus estructuras sociales. El interpretar la Biblia como si solamente fuéramos marginados (o como si solamente estuviésemos en el centro), puede causar ceguera espiritual, social, ética, etc. Hay que acoger todas las voces, discernir y valorarlas.

6. Conclusión

El propósito de este comentario sobre los libros históricos es inspirar e invitar al estudio y la reflexión. Comprender un texto bíblico más allá de las limitaciones de nuestro ambiente moderno implica tener algunos conocimientos del contexto en el cual fueron escritos estos libros. Por ejemplo, saber que el rey Josías empezó a reinar en Judá después de monarcas que permitieron el sincretismo en el culto nos ayuda a comprender la profecía de Hulda: «...por cuanto me han dejado y han ofrecido sacrificios a dioses ajenos, provocándome a ira con todas las obras de sus manos, por tanto, se derramará mi ira sobre este lugar y no se apagará» (2 Cr 34.25). Por esta razón la introducción a cada libro se organiza según el siguiente esquema:

1. Introducción
2. El contexto bíblico del libro
3. Personajes
4. El mundo del libro
5. Estructura del libro
6. ¿Por qué leer este libro hoy en día?

A esto sigue el comentario mismo, y luego la conclusión.

«El contexto bíblico del libro» da un breve resumen de la manera en que cada libro histórico fue formado y el punto de vista de sus redactores. La sección «Personajes» destaca a aquellas personas que contribuyeron en el texto de una manera importante al desarrollo de la trama del libro, o que son grandes figuras que pertenecen a las tres grandes instituciones sociales —profetas, sacerdotes o reyes. «El mundo del libro» da una breve reseña del momento histórico en el cual se sitúa la narración, y la «Estructura del libro» presenta un esquema del contenido del libro. Con este esquema, el lector puede obtener una idea general de los eventos que presenta el libro. Sin embargo, la sección más extensa es el «Comentario» puesto que contiene un comentario sobre escenas importantes en cada sección del libro histórico que se estudia.

También incluimos una sección intitulada «¿Por qué leer este libro hoy en día?». Los libros históricos forman parte de la herencia espiritual de los cristianos. Por lo tanto, esta pregunta cierra el ciclo de la interpretación para nosotros, porque «la palabra de Dios es viva, eficaz y más cortante que toda espada de dos filos: penetra hasta partir el alma y el espíritu...» (He 4.12), o sea que la palabra impacta profundamente en el lector. Esperamos que esta sección especialmente destaque los aspectos más importantes de una interpretación hispana del texto; que fomente el estudio y la reflexión para que cada lector «vaya y pregunte a Jehová por sí mismo, por su pueblo, y por todo el mundo, acerca de las palabras de estos libros con los que se ha encontrado...».

Josué

Esfuérzate y sé valiente,
porque tú repartirás
a este pueblo como heredad
la tierra que juré dar a sus padres.
Josué 1. 6

Introducción

«Esfuérzate y sé valiente». Con estas palabras dirigidas a Josué, Jehová, Dios de Israel, le entrega a la generación que sobrevivió el trayecto por el desierto la heredad que les prometió a sus antepasados. Pero para tomar las tierras esta nueva generación tiene que luchar, y el líder en esta lucha es el comandante de Moisés Josué, hijo de Nun. «Esfuérzate y sé valiente» para luchar contra los enemigos de Israel, los amalecitas, cananeos, amorreos, jebuseos, heteos... todos los pueblos que habitaban la tierra. «Esfuérzate y sé valiente» contra el desánimo personal. Josué tuvo que esforzarse y ser valiente contra la infidelidad y desobediencia del pueblo hacia las órdenes y leyes de Jehová.

1. Contexto bíblico del libro de Josué - Tierra prometida

Cuando la Biblia se refiere a la tierra prometida por Jehová a su pueblo, usa imágenes que transmiten la idea de la abundancia: «Guardad pues los mandamientos que os prescribo hoy... para que os sean prolongados los días sobre la tierra, de la cual juró Jehová a vuestros padres que se le había de dar a ellos y a su descendencia, tierra que fluye leche y miel» (Dt 11.8-9). En esta cita, Moisés vincula la abundancia del producto de la tierra a la obediencia del pueblo hacia Dios.

El libro de Josué también usa imágenes que transmiten la idea de la sobreabundancia, limitada por la actividad humana:

> Yo os he entregado, tal como le dije a Moisés, todos los lugares que pisen las plantas de vuestros pies. Desde el desierto y el Líbano hasta el gran río Éufrates, toda la tierra de los heteos hasta el Mar Grande donde se pone el sol, será vuestro territorio (Jos. 1.4).

Según esta descripción el territorio de Israel se extendería desde el Mar Mediterráneo hasta lo que hoy llamamos Irak. La única limitación es que Dios le dará «los lugares» en los cuales Israel transita como el pueblo escogido, liberado y formado en el desierto por Jehová. Israel nunca alcanzó esta extensión durante su historia —nunca «pisaron las plantas de sus pies» las orillas del Éufrates, excepto en el momento de su propio exilio, cuando perdió todo su territorio. Pero sí logró conquistar las tierras que se encuentran al este y oeste del río Jordán.

Aunque tenemos una imagen de la conquista como un gran evento en la historia de Israel, la Biblia nos muestra que la conquista fue un proceso gradual. El apoderarse de la tierra era solamente un elemento de la conquista. Los libros históricos nos muestran que conquistar a los habitantes anteriores, y aún más, conquistar el culto a los dioses que se había implantado en el territorio, fue una tarea más difícil. El mismo pueblo de Israel sucumbió a las atracciones de los dioses de los cananeos y de otros pueblos que encontraron a su paso.

2. Personajes

El libro de Josué es la continuación de la historia del proyecto de Dios con su pueblo iniciada en los libros del Pentateuco. En Deuteronomio, Moisés inicia la conquista de la tierra prometida, pero solamente alcanza a conquistar las tierras que estaban al este del río Jordán. Este río, como el Mar Rojo en el libro del Éxodo, simboliza la transición de un estado a otro. Al cruzar el Mar Rojo, el pueblo de Israel hace la transición de su esclavitud en Egipto hacia la libertad de un pueblo llamado y formado por Dios. El río Jordán, que corre de norte a sur —desde el lago de Genesaret hasta el Mar Muerto— también es un umbral, un símbolo de la transición de un pueblo nómada, sin tierra, que se convierte en el pueblo fijo, llamado por Dios a establecer una sociedad regida y centrada en los preceptos y el culto a Jehová. Cruzar el Jordán simboliza la etapa final de la realización de la promesa de Dios a Abraham —su descendencia heredará la tierra de Canaán.

El libro de Josué también representa la transición de un líder a otro. Moisés fue el gran profeta y líder de su pueblo, y como él no hubo otro. Sin embargo había desobedecido a Dios en el desierto. El pueblo de Israel murmuró contra Moisés porque se encontró en el desierto y tenía sed y le dijo a Moisés: «¿Por qué hiciste venir la congregación de Jehová a este desierto, para que muramos aquí nosotros y nuestras bestias? ¿Y por qué nos has hecho subir de Egipto, para traernos a este horrible lugar?» (Nm 19.4-5). Pero Dios provee, aun frente a la murmuración y el desencanto del pueblo. Jehová le dice a Moisés: «Toma la vara y reúne a la congregación, tú con tu hermano Aarón, y hablad a la peña a la vista de ellos. Ella dará su agua; así sacarás para ellos agua de la peña, y darás de beber a la congregación y a sus bestias» (Nm 19.8). Sin embargo, Moisés se deja llevar por la ira y castiga al pueblo con sus palabras y a la peña con la vara:

> ¡Oíd ahora rebeldes! ¡Haremos salir agua de esta peña para vosotros! Y alzando su mano, Moisés golpeó la peña con su vara dos veces. Brotó agua en abundancia, y bebió la congregación y sus bestias. Pero Jehová dijo a Moisés y a Aarón: Por cuanto no creísteis en mí, para santificarme delante de lo hijos de Israel, por tanto, no entrareis con esta congregación en la tierra que les he dado (Nm 20.10-12).

Por lo tanto vemos al final del libro del Deuteronomio una escena en la cual Moisés se despide del pueblo y muere antes de que este cruce el río Jordán.

Sin embargo, Jehová imparte una enseñanza final a través de su siervo Moisés, por medio de un cántico o texto poético que describe una relación en que Dios cuida su pueblo, pero luego es olvidado.

Proclamaré el nombre de Jehová
¡Engrandeceré a nuestro Dios!
Él es la Roca cuya obra es perfecta...
Porque la porción de Jehová es su pueblo...
Lo halló en el desierto,
En yermo de horrible soledad,
Lo rodeó, lo instruyó,
Lo guardó como la niña de su ojo...
De la roca que te creó te olvidaste;
Te has olvidado de Dios tu creador (Dt 32. 3-4, 9-10, 18).

Esta relación del pueblo con Dios, que se caracteriza por el ciclo de una relación íntima con Jehová seguida por el olvido, se repetiría a través de todos los libros históricos que siguen después del libro de Josué.

Según el libro de Josué, después de la muerte de Moisés Jehová llama de nuevo a Josué y le entrega la misión de conducir al pueblo hacia su objetivo: «Luego dio esta orden a Josué hijo de Nun: "Esfuérzate y anímate, pues tú introducirás a los hijos de Israel en la tierra que yo les juré, y yo estaré contigo"» (Dt 31.23). Como veremos más adelante, en el libro de Josué estas palabras —«esfuérzate y anímate», transformadas a «esfuérzate y sé valiente»— se convierten en el lema que caracteriza la vocación de Josué, el nuevo líder del pueblo de Israel.

3. El mundo del libro de Josué

Los eventos que narra el libro de Josué suceden entre 1200 y 1000 antes de Cristo, cuando la población cananea de Palestina estaba bajo la influencia de Egipto. Durante esta época, los grandes imperios y la comunicación internacional entre ellos se desintegraron. La población urbana decayó y surgieron numerosas aldeas en el centro de Palestina. Sin embargo, existían en la «tierra prometida» asentamientos e incluso ciudades amuralladas habitadas por gente de origen semítico— los cananeos. Estos eran un grupo que compartía las mismas raíces lingüísticas que los acadios, arameos, fenicios y árabes. Estos pueblos tenían una vida política bien organizada. Según el libro de Josué, la invasión de las tribus de Israel suscitó dos coaliciones de reyes (en el norte y en el sur del territorio), que se unieron para luchar contra los invasores. Este libro pinta una victoria absoluta sobre estos reyes, la destrucción de sus ciudades y habitantes, y la distribución de sus tierras entre las tribus de Israel. Como veremos más adelante, el libro de los Jueces presenta otra imagen de la conquista: la invasión de Palestina sucedió más lentamente y algunos de los pueblos presentes en el territorio no fueron completamente eliminados. Dos eventos en el libro de Josué dan indicios de que no toda la población fue totalmente destruida: un pacto para proteger a Rahab, una mujer de la ciudad de Jericó, y otro pacto con los gabaonitas, otro pueblo probablemente de origen cananeo que habitaba entre Ai y Jerusalén.

4. Estructura del libro de Josué

Este esquema del libro de Josué nos muestra cómo este libro intercala la actividad militar con el culto a Jehová.

1. Preparativos para entrar en la tierra prometida: capítulo 1
2. Exploración de la tierra prometida: capítulo 2
3. El pueblo de Israel cruza el río Jordán: capítulos 3, 4 y 5
4. Conquista de la ciudad de Jericó: capítulo 6
5. Desobediencia, derrota y conquista de la ciudad de Hai: capítulo 8
6. Lectura de la ley ante la congregación de Israel: capítulo 8
7. Pacto con los gabaonitas y derrota de una alianza de reyes enemigos: capítulos 9-12
8. Distribución de las tierras a cada tribu: capítulos 13-19
9. Ciudades asignadas a los levitas y para refugio: capítulos 20-22
10. Despedida de Josué: capítulos 23-24

El capítulo 1 describe la comisión que Jehová le entrega a Josué. Los capítulos 3, 4 y 5 escenifican la preparación espiritual del pueblo para su entrada en la tierra prometida. También incluye una dinámica muy importante. Cuando Israel obedece, conquista la ciudad de Jericó sin mucho esfuerzo; cuando desobedece es derrotado ante la ciudad de Hai. Sin embargo, el arrepentimiento renueva la relación con Dios, quien sigue dirigiendo y apoyando a su pueblo. Aunque Josué aparece en los libros que componen el Pentateuco, este libro traza la totalidad de su liderazgo ante el pueblo de Israel.

5. ¿Por qué leemos el libro de Josué hoy?

La palabra «conquista» para una persona latinoamericana trae a la mente imágenes de batallas en las cuales fueron eliminadas poblaciones enteras del siglo 16 al 19. Pueblos, lenguajes y culturas perdidas ya sea por la violencia o por las enfermedades transmitidas por los conquistadores —un encuentro violento de civilizaciones que produjo el mestizaje que caracteriza nuestro mundo latinoamericano hoy en día. El libro de Josué, con su énfasis en la destrucción de los habitantes de la «tierra prometida» y la superioridad de Jehová, el Dios de los ejércitos, puede fácilmente ser leído como la vindicación de este evento. De hecho, teólogos aliados a los conquistadores españoles usaron el libro de Josué para justificar la eliminación, captura y esclavización de la población indígena en las Indias.

¿Cómo podemos leer este libro sin caer en esta misma manera de razonar? El libro de Josué nos da ejemplos de personas y pueblos que supieron socavar el programa de conquista que traían las tribus de Israel al entrar en Canaán: Rahab, la ramera de Jericó que negocia la salvación de su familia, los gabaonitas que engañaron a Josué y a los ancianos de Israel para que hiciesen un pacto con ellos y no los exterminaran... Para leer contra el genocidio en este libro hay que tomar el lugar de personas y pueblos que se encuentran marginados, que se dan cuenta de su situación, y que encaran al enemigo para engañarlo.

El libro de Josué también es importante porque contribuye a la interpretación de la vida de Jesús en el Nuevo Testamento. Rahab, la ramera extranjera, queda incorporada en la genealogía de Jesús por una obra de astucia y de misericordia. La pureza de sangre no es una característica de la familia de Jesús. Como veremos en los siguientes capítulos, el árbol familiar de Jesús está repleto de reyes infieles, que cometen adulterio, injusticias, homicidios... Pero el libro de Josué también tiene una referencia positiva. El paso del pueblo de Israel por el Jordán tal como lo representa este libro también fue interpretado por comunidades cristianas después de la era neotestamentaria como una prefiguración del bautismo de Cristo. Entramos en las aguas para salir con vida nueva...

Comentario

1. Preparativos para entrar en la tierra prometida: capítulo 1

La conquista de la tierra prometida no fue solamente la conquista militar de un territorio, sino también una conquista religiosa y espiritual. Dios le entrega el territorio a Israel, y es Dios quien dirige la obra, indicando el momento y la forma en que Israel va a pasar por el Jordán. «Ahora pues, levántate y pasa este Jordán, tú y todo este pueblo, hacia la tierra que yo les doy a los hijos de Israel» (Jos 1.2). Se celebran los ritos (circuncisión) y las liturgias (Pascua y lectura de la ley) que Moisés había establecido cuando el pueblo atravesaba el desierto, para recordar los grandes momentos en que Jehová había intervenido en la vida del pueblo.

Como vimos anteriormente, el personaje clave en este libro es Josué, cuyo nombre significa «Jehová salva». El libro que lleva su nombre nos da una descripción muy parca de este personaje, quizás porque ya ha sido introducido en tres libros del Pentateuco —Éxodo, Números y Deuteronomio— que narran los acontecimientos anteriores que culminan en el libro de Josué. ¿Qué nos dice la Biblia acerca de Josué?

Si reunimos las descripciones de Josué que se encuentran en el Pentateuco, vemos que este líder de Israel fue formado militar y espiritualmente durante el tiempo que el pueblo caminó por el desierto, para la tarea que Jehová le encomendaría. En su juventud, Josué perteneció a la generación que salió de Egipto bajo el liderazgo de Moisés. Se le menciona por primera vez en el libro del Éxodo como el líder militar que luchó contra los amalequitas, el primer pueblo que retó a la comunidad de Israel en su paso por el desierto. Josué lleva a cabo la batalla bajo las órdenes y con la bendición de Jehová, y su victoria es completa: «Entonces Jehová dijo a Moisés: "Escribe esto para que sea recordado en un libro, y di a Josué que borraré del todo la memoria de Amalec de debajo del cielo"» (Ex 17.14).

A partir de este momento, Josué está presente en todos lo momentos claves —los eventos que forman la identidad del pueblo de Israel en su caminar en el desierto. El Éxodo lo menciona en el momento en que Moisés sube al Monte Sinaí para recibir las tablas de la Ley: «Entonces Jehová dijo a Moisés: "Sube a mi monte y espera allá, y te daré tablas de piedra con la ley y los mandamientos que he escrito para enseñarles." Se levantó Moisés junto con Josué, su servidor, y Moisés subió el monte de Dios». También es testigo de la apostasía del pueblo de Israel, cuando Aarón manda fabricar un becerro de oro para que el pueblo lo adore (Ex 32.17). El Éxodo representa a Josué como un fiel servidor de Moisés y seguidor de Jehová: «Jehová hablaba con Moisés cara a cara, como habla cualquiera con su compañero. Luego Moisés volvía al campamento, pero el joven Josué hijo de Nun, su servidor, nunca se apartaba de en medio del Tabernáculo» (Nm 33.11).

Según el libro de Deuteronomio, la formación de Josué como líder de Israel comienza en el momento en que el pueblo desconfía de Dios. Cuando la primera generación de los que salieron de Egipto se encuentra frente a los pueblos que habitan la tierra prometida por Jehová, desfallecen, salvo Josué y Caleb, que habían regresado para animarlos. (Dt 1.19-40; Nm 14). En Números vemos cómo Josué pone su confianza en Dios:

Y Josué hijo de Nun y Caleb hijo de Jefone, que eran de los que habían reconocido la tierra, rompieron sus vestidos y dijeron a toda la congregación de los hijos de Israel: «La tierra que recorrimos y exploramos es tierra muy buena. Si Jehová se agrada de nosotros, él nos llevará a esta tierra y nos la entregará, es una tierra que fluye leche y miel. Por tanto, no seáis rebeldes contra Jehová, ni temáis al pueblo de esta tierra, pues vosotros los comeréis como pan. Su amparo se ha apartado de ellos y Jehová está con nosotros, no los temáis» (Nm 14.6-9).

Esta visión positiva de la enorme tarea que implicaba la conquista confirma el liderazgo de Josué, porque Jehová le dice a Moisés: «Instruye a Josué, anímalo y fortalécelo, porque él ha de pasar delante de este pueblo, y él les entregará la tierra que verá» (Dt 3.28).

El libro de Números nos da otra perspectiva del liderazgo de Josué. Nos presenta a Moisés orando por un sucesor para que el pueblo de Israel «no quede como rebaño sin pastor» (Nm 27.17). El sucesor que Jehová nombra es Josué:

Toma a Josué hijo de Nun, hombre en el cual hay espíritu, y pon tu mano sobre él. Preséntalo luego ante el sacerdote Eleazar y ante toda la congregación, y le darás el cargo en presencia de ellos. Pon parte de tu dignidad sobre él, para que toda la congregación de los hijos de Israel le obedezca. Él se presentará ante el sacerdote Eleazar y le consultará por el juicio del Urim delante de Jehová.

apartado exclusivamente para el uso de Jehová, que los seres humanos no pueden usar, y por lo tanto debe ser destruido. La desobediencia en Israel comienza con el anatema. En la Biblia, no existe una separación entre la identidad y responsabilidad de una persona individual y la identidad y responsabilidad del grupo. Por lo tanto, el pecado o la santidad, la infidelidad o fidelidad de una persona tenían impacto sobre el grupo entero. Un individuo, Acán, hijo de Carmi de la tribu de Judá, toma algo del botín dedicado a Jehová, y esto causa la ira de Jehová y la derrota de Israel ante la ciudad de Hai.

5. Desobediencia, derrota y conquista de la ciudad de Hai: capítulo 8

La vergonzosa derrota del pueblo de Israel frente a la ciudad de Hai podría tener un impacto drástico. Hasta ese momento, Jehová había infundido terror en los corazones de los habitantes de área, por las victorias militares de Israel. La derrota de tres mil hombres, huyendo delante de los de Hai, podría fortalecer el ánimo de los habitantes de las ciudades que todavía tenían que conquistar. Josué se postra ante Dios, y oración refleja este desastre. «¡Ay Señor! ¿qué diré, ahora que Israel ha vuelto la espalda a sus enemigos? Porque los cananeos y todos lo bitantes de la tierra se enterarán, nos rodearán y borrarán nuestro mbre de encima de la tierra» (7.8). También tuvo un impacto sobre pueblo de Israel, puesto que «el corazón del pueblo desfalleció y se vió como agua» (Jos 7.5). Pero después de la santificación del pueblo descubrimiento del culpable, Jehová entrega la ciudad a Josué y al blo de Israel.

ectura de la ley ante la congregación de Israel: capítulo 8

spués de la conquista de estas dos ciudades estratégicas, el pueblo e sacrificios y escucha la lectura de la ley sobre el Monte Ebal. Esto le la orden dada por Moisés en el libro del Deuteronomio: ando Jehová tu Dios, te haya introducido en la tierra a la cual vas omarla, pondrás la bendición sobre el monte Gerizim y la maldición el monte Ebal, los cuales están al otro lado del Jordán, tras el camino cidente, en la tierra del cananeo, que habita en el Arabá, frente a

Por el dicho de él saldrán y por el dicho de él entrarán, él y toda la comunidad de los hijos de Israel junto con él (Nm 27.19-21).

Otros libros también presentan a Josué como un líder «lleno de espíritu» (Dt 34.9) que no se aparta de Jehová (Ex 33.11). Sin embargo, según el libro de Josué, Jehová reitera la condición por la cual él permanecerá con Josué y obrará a su favor: nunca debe apartarse de la Ley. El texto enfatiza el conocimiento íntimo que este siervo necesita para permanecer en la presencia de Dios: «Nunca se apartará de tu boca este libro de la Ley, sino que de día y de noche meditarás en él, para que guardes y hagas conforme a todo lo que está escrito en él» (Jos. 1.8).

A diferencia de Moisés, en ningún momento vemos a este héroe dudando o desobedeciendo a Dios. Su primera acción al ser elegido líder es obedecer el mandato de Dios, y de inmediato da la orden para comenzar el proceso de cruzar el río Jordán. Su segunda acción es asegurar la unidad en el pueblo: les recuerda a las tribus cuyas tierras estaban al este del Jordán —las tribus de Ruben, Gad y Manasés— que deberían ayudar a sus hermanos que todavía tenían que conquistar las tierras al oeste. La respuesta de estas tribus es un modelo de obediencia, con una condición: «De la manera que obedecimos a Moisés en todas las cosas, así te obedeceremos a ti; solamente que Jehová tu Dios, esté contigo, como estuvo Moisés» (Jos 1.17).

2. Exploración de la tierra prometida: capítulo 2

Como Moisés, Josué envía dos espías a explorar el territorio que tendrían que conquistar. El primer lugar que investigan es la ciudad amurallada de Jericó y sus alrededores. Jericó se encontraba en una posición estratégica para la conquista de Canaán, puesto que abría el paso hacia las tierras del sur (Judá) y el norte (Efraín), una vez cruzado el río Jordán. Presentaba un desafío militar, puesto que se trataba de una ciudad amurallada y bien defendida. Bajo el liderazgo de Moisés, el pueblo de Israel había conquistado el territorio de varios reyes (Dt 2.26-3.11) cuyos habitantes tenían la fama de ser muy imponentes: «Oye Israel, tú vas hoy a pasar el Jordán para entrar a desposeer naciones más numerosas y más poderosas que tú, ciudades grandes y amuralladas hasta el cielo, un pueblo grande y alto... de quienes tu has oído decir: ¿Quién se sostendrá frente a los hijos de

Anac?» (Dt 9.1-2). Pero el texto bíblico hace hincapié en que estas victorias se llevarán a cabo por la mano de Dios, quien camina delante de su pueblo. Jehová promete una «guerra sicológica»: «Hoy comenzaré a poner tu temor y tu espanto sobre los pueblos debajo de todo el cielo, que al escuchar tu fama temblarán y se angustiarán ante ti» (Dt 2.25). La conquista no se llevará a cabo por la superioridad militar del pueblo de Israel, sino por el poder de Dios mismo, un tema que se repite a través de la historia del pueblo: «...los salvaré por Jehová, su Dios. No los salvaré con arco, ni con espada, ni con guerra, ni con caballos, ni con jinetes» (Os 1.7).

La conquista de Jericó demuestra este principio de «guerra sicológica» que es una «guerra espiritual». Josué envía dos espías a investigar la ciudad. Estos se hospedan en la casa de Rahab, una mujer que la Biblia describe como una ramera. A menudo, las casas de huéspedes o las pensiones se situaban en las orillas del pueblo, cerca del muro. Era un lugar ideal para recoger e intercambiar información sobre la ciudad, pero también un lugar peligroso para alguien que quiere esconderse de las autoridades. El rey de Jericó se da cuenta de la presencia de los espías y da la orden para que Rahab los entregue.

En este momento crítico, el texto bíblico nos demuestra una asombrosa inversión de valores: una mujer, una extranjera proclama la grandeza de Jehová a los espías, poniendo en peligro su vida al esconderlos:

«Sé que Jehová os ha dado esta tierra, porque el temor de vosotros ha caído sobre nosotros, y todos los habitantes del país ya han temblado por vuestra causa. Porque hemos oído que Jehová hizo secar las aguas del Mar Rojo delante de vosotros cuando salisteis de Egipto, y también lo que habéis hecho con los dos reyes de los amorreos que estaban al otro lado del Jordán, con Sehón y Og, a los cuales has destruido. Al oír esto ha desfallecido nuestro corazón, y no ha quedado hombre alguno con ánimo para resistiros, porque Jehová, vuestro Dios, es Dios arriba en los cielos y abajo en la tierra» (Jos 2. 9-11).

Esto es la proclamación de una victoria militar y espiritual, puesto que Rahab proclama el poder de Jehová sobre toda la creación. Tanto los guerreros como los dioses de Jericó serán vencidos. Rahab esconde a los espías y les ayuda a escapar, con la condición de que ella y su familia sean protegidas. Esta extranjera se incorpora al pueblo de Israel, y sus descendientes forman parte de la línea familiar de David, y de Jesús (Mateo 1.2-17).

3. El pueblo de Israel cruza el río Jordán: capítulos 3, 4

El pueblo de Israel se encuentra frente al Jordán, la últim entre ellos y un sueño, una promesa de Dios que ha sido tr de generación en generación a partir del momento en que Jel con Abraham. ¿Cómo tomar posesión, entrar en el «descanso En este momento, Josué les da un signo que fortalece la im pueblo tiene de Dios: «En esto conoceréis que el Dios vivi medio de vosotros, y que él echará de delante de vosotros El Arca del pacto del Señor de toda la tierra pasará delant en medio del Jordán» (Jos. 3.9). Josué emplea varias frase —Dios viviente, el que va delante, Señor de la tierra— q a Jehová de los dioses de sus oponentes, cuyo poder ge localizaba en un pueblo o en un lugar.

4. Conquista de la ciudad de Jericó: capítulo 6

La conquista de la ciudad de Jericó contiene un mensaj Jehová es el que condujo al pueblo de Israel por el des quien le da la victoria sobre los pueblos que va a cor comenzar, Josué tiene un encuentro con el ángel de Jeho a la experiencia de Moisés ante la zarza ardiente. El le dice: «Quítate el calzado de los pies, porque el lu; santo» (Jos 5.15). Pero esta vez, el visitante celestial añ militar al encuentro: «...he venido como Príncipe del (Jos 5.14). Esta apelación se convierte en Jehová de salmos, en los libros de Samuel y de Reyes y en los pues, la conquista de la tierra prometida es una gu sus propias reglas y rituales.

La conquista de Jericó se lleva a cabo como un r presencia de Jehová dándole vuelta a la ciudad si por los sacerdotes y todo el pueblo. Esta es la prim durante la toma de la tierra prometida, y por lo ta ella debe ser consagrado a Jehová —o sea que es es difícil de comprender en nuestra época mode la muerte y destrucción de todos los habitantes c Nos parece injusto e inhumano. El anatema o h

6. L

D ofre cum «C para sobre del o

Gilgal, junto al encinar de More. Porque vosotros pasáis el Jordán para ir a poseer la tierra que os da Jehová, vuestro Dios, la tomaréis y habitaréis en ella. Cuidaréis, pues, de cumplir todos los estatutos y decretos que yo presento hoy delante de vosotros» (Deut 11.29-32).

7. Pacto con los gabaonitas y derrota de una alianza de reyes enemigos: capítulos 9-12

Los capítulos 9 al 12 de Josué relatan las batallas contra los reyes que gobernaban el norte y el sur de lo que sería Israel. Cada conquista se resume así: «Josué pasó con todo Israel a Libna [o cualquier otra ciudad]. Jehová la entregó junto con su rey, en manos de Israel, que la pasó a filo de espada, con todo lo que en ella tenía vida, sin dejar nada...» (Jos 10.29-30).

Al inicio de esta letanía de destrucción aparece la historia de los gabaonitas, un pueblo que se encontraba entre Jerusalén y Ai. Este pueblo optó por la astucia, negociando un pacto de paz con Josué para no ser destruido por los invasores. Los embajadores de los gabaonitas usan el mismo razonamiento que Rahab la ramera de Jericó: «Tus siervos han venido de tierra muy lejana a causa del nombre de Jehová, tu Dios, pues hemos oído de su fama, de todo lo que hizo en Egipto y todo lo que hizo con los dos reyes de los amorreos...» (Jos 9.9-10). La astucia consiste en hacer creer a los de Israel que vienen de una tierra muy lejana (más allá de la que están conquistando), y pedir una alianza de paz. Josué y los «príncipes» de Israel cayeron en la trampa «tomaron sus provisiones, pero no consultaron a Jehová» (Jos 9.14), quien supuestamente habría revelado el origen de los gabaonitas. Una vez concluido el pacto con juramento, los líderes de Israel tuvieron que cumplir su promesa que incluía no eliminarlos e incluso defenderlos ante la coalición de reyes que los atacaran (Jos 10.1-40). Este juramento de Israel surge de nuevo en el libro de Samuel: cuando el rey Saúl trata de exterminar a los gabaonitas, causa una hambruna de tres años durante el reino de David (2 S 21. 1-14).

8. Distribución de las tierras a cada tribu: capítulos 13-19

La distribución de las tierras conquistadas se lleva a cabo de acuerdo con las instrucciones de Moisés. El sacerdote Eleazar y Josué distribuyen las tierras según las suertes.

9. Ciudades asignadas a los Levitas y para refugio: capítulos 20-22

La tribu de los levitas fue la única a la que no se designaron tierras rurales y cultivables durante la conquista. Esto se debe a su papel especial en la congregación de Israel. Según el libro de Deuteronomio, los levitas estaban destinados a proveer servicios relacionados al culto de Jehová —transportar el arca, estar en la presencia de Jehová, servir y bendecir su nombre. «Por eso Leví no tuvo parte ni heredad entre sus hermanos: Jehová es su heredad, como Jehová, tu Dios...» (Dt 10.8-9). Sin embargo, existe una provisión para esta tribu: «Manda a los hijos de Israel que den a los levitas, de la heredad que les pertenece, ciudades en que habiten; también daréis a los levitas los ejidos que están alrededor de estas ciudades» (Nm 35.2).

Jehová exige generosidad y justicia de parte de las otras tribus de Israel para distribuir ciudades a los levitas. Las otras tribus tienen que ceder cuarenta y ocho ciudades (incluyendo seis ciudades de refugio), con ejidos que miden por los menos dos mil codos en su alrededor. La donación de tierras y ciudades debe hacerse con justicia —no quitándole más al pobre que al rico. «Y en cuanto a las ciudades que deis de la heredad de los hijos de Israel, del que tiene mucho tomaréis mucho y del que tiene poco tomaréis poco. Cada uno dará de sus ciudades a los levitas según la posesión que heredará» (Nm 35, 8).

10. Despedida de Josué: capítulos 23-24

El libro de Josué anticipa dos temas importantes que servirán como resumen teológico de la historia de Israel en el libro de los Jueces. Estos temas se destacan en el discurso de Josué. El primero es que la fidelidad hacia Jehová es una elección que cada generación toma. Esta decisión se basa en el recuerdo de momentos vividos con Dios en la historia del pueblo: «Israel sirvió a Jehová durante toda la vida de Josué, y durante toda la vida de los ancianos que sobrevivieron a Josué y que sabían todo lo que Jehová había hecho por Israel» (Jos 24.31). El segundo tema es que las naciones que no fueron conquistadas completamente por las tribus de Israel serían instrumentos de castigo que Jehová utilizaría para corregir a su pueblo: «...sabed que Jehová vuestro Dios no seguirá expulsando ante vosotros a estas naciones, sino que os serán como lazo, trampa y azote para vuestros costados y espinas para vuestros ojos, hasta que desaparezcáis de esta buena tierra que Jehová, vuestro Dios, os ha dado» (Jos 23.13).

Jueces

> «No invalidaré jamás mi pacto con vosotros,
> con tal que no hagáis pacto
> con los habitantes de esta tierra,
> cuyos altares debéis derribar».
> Jueces 2.1-2

Introducción

Profetisa, mujer extranjera, guerrero, hijo de prostituta, campesino de orígenes humildes... En el libro de los Jueces desfila una sucesión de caudillos —llamados también libertadores o salvadores— que a pesar de sus limitaciones son instrumentos para la misericordia de Dios con su pueblo. Jehová, el mismo Dios que se manifestó a un pueblo nómada y vulnerable en el desierto, ahora entra en la historia de sus descendientes que deben aprender a confiar totalmente en él en circunstancias muy diferentes.

La fidelidad a la relación con Jehová no se hereda. Solamente se transmite la historia, el recuerdo de las hazañas de Dios entre los antepasados. Así pues, el tema central del libro de los Jueces es que cada generación de las tribus de Israel «olvida» a Jehová y este debe usar a los enemigos del pueblo para hacerles «recordar». El sufrimiento y la opresión renuevan el recuerdo y la voluntad de seguir a Jehová en cada generación. Más que gobernantes, caudillos o guerreros, los jueces son instrumentos de misericordia en manos de Dios. Ellos manifiestan una y otra vez la voluntad de Dios —que su pueblo viva en libertad.

1. Contexto bíblico del libro de los Jueces

El libro de los Jueces relata la historia de doce jueces —líderes, caudillos o profetas— que gobernaron o liberaron una o más de las tribus de Israel. El libro continúa la narración de la conquista de Canaán y la manera en que Israel «hizo un pacto con la naciones» o se acomodó a las naciones que ya ocupaban el territorio. El libro usa una rica mezcla de historias personales (sagas), profecías, parábolas y poemas para transmitir la intensa lucha de Jehová por la libertad, el bienestar y la fidelidad de su pueblo.

Jueces probablemente fue compilado y redactado en tres grandes etapas. Primero fueron recopiladas las historias de los grandes jueces —Ehud, Débora y Gedeón— que componen la parte más importante del libro (3.7-16.31). Después, los redactores de la historia deuteronomista (siglo 7 a.C.) redactaron los libros de Josué hasta 2 Reyes, y probablemente añadieron el prólogo (2.6-3.6) que da las razones teológicas por las cuales la conquista de Canaán no fue completada en la época de Josué. Finalmente, la introducción (1.1-25) y la conclusión (17-21), compuestas de material retrabajado de origen muy antiguo, fueron añadidas después del Exilio (608 a 538 a.C.) para formar el libro que conocemos hoy en día.

2. Personajes

En los libros del Éxodo, Levítico, Números y Deuteronomio, el personaje principal es Moisés, el gran líder y profeta que coopera con Jehová para liberar al pueblo. El libro de Josué enfoca el liderazgo militar de Josué durante la conquista de Canaán, y su papel como quien distribuye el territorio conquistado, signo de la realización de las promesas de Jehová a los antepasados de Israel. En el libro de los Jueces, no hay un solo personaje principal humano; el personaje principal es sin duda alguna Jehová. Por este libro desfilan líderes llamados «jueces», ejerciendo cada uno el liderazgo del pueblo de Israel en circunstancias particulares, pero en cada momento es Jehová quien usa al juez para liberar al pueblo de sus enemigos.

Jueces nos muestra la manera en que la relación del pueblo de Israel con Jehová conserva muchas de las características de su relación con Dios durante el Éxodo y la conquista de Canaán, pero también sufre el impacto de vivir cerca o en medio de pueblos que adoran a otros dioses.

El mismo Jehová del pasado actúa en el presente a pesar de la nuevas circunstancias en las que se encuentra el pueblo de Israel: «Yo os saqué de Egipto y os he traído a la tierra que prometí a vuestros padres, cuando les dije: No olvidaré jamás mi pacto con vosotros...» (2. 1-2). Jehová continúa comunicándose con el pueblo y utiliza varios medios. Aparece como ángel (2.1 y 13.3) y habla por medio de un «hombre de Dios» (13.8). También vemos a una mujer (Débora) que actúa como profeta, escuchando la voz de Dios y animando a los que luchan por la libertad del pueblo.

La presencia de Jehová con el pueblo es una promesa eterna que no cambia con las circunstancias, aun cuando el pueblo rechaza a Dios: «Hicieron pues, los hijos de Israel lo malo ante los ojos de Jehová, su Dios, se olvidaron de él y sirvieron a los baales y a las imágenes de Asera» (3.7). Sin embargo, la Biblia no representa a Jehová como un Dios pasivo, que permite que su pueblo se aleje sin reflexionar ni saber lo que está haciendo. Todo lo contrario, Jehová es un Dios que reacciona fuertemente contra el rechazo:

- «Dejaron a Jehová, el Dios de sus padres... provocando la ira de Jehová» (2.12).
- «Dejaron a Jehová, y adoraron a Baal y a Astarot. Se encendió entonces contra Israel el furor de Jehová» (2.13-4).
- «...la ira de Jehová se encendió contra ellos y los entregó en manos de... el rey de Mesopotamia» (3.8).

Pero esta ira y furor de Jehová no son obstáculo para su misericordia. Cada vez que los hijos de Israel son oprimidos por sus enemigos, y claman a Dios, este envía un liberador o juez. Así vemos cómo el texto bíblico representa el vínculo íntimo que existe entre la relación con Dios y la libertad humana.

2.1. ¿Qué es un juez?

La palabra castellana «juez» traduce el hebreo shofet, que incluye dos significados principales: (1) el de juzgar o condenar; y (2) el de absolver, liberar o salvar. A estos significados también se añade el de gobernar. El juez era un héroe o líder cuyo cargo no era hereditario —más bien ciertos individuos tomaban la iniciativa de dirigir al pueblo (Otniel, Ehud), o podían ser elegidos por sus compatriotas (Jefté), o aparecían por iniciativa de Jehová (Débora, Barac, Gedeón, Sansón). Los jueces podrían ser caudillos de una o de varias tribus de Israel.

Una característica común entre los jueces, es que no son «perfectos» —ni como guerreros, ni como seguidores de Jehová. En la familia de Gedeón, por ejemplo, existía un altar para Baal y su consorte «Asera» que Jehová le ordena destruir. Gedeón, temiendo la reacción del pueblo, lleva a cabo esta tarea de noche para no ser identificado. Vemos también a Barac, campeón de Israel, que debe ser llamado y animado por Débora para ejercer su mando. Estos «jueces» tienen que vencer su temor inicial ante la tarea que Jehová les propone.

3. El mundo social del libro de los Jueces

Jueces representa un momento de transición en la historia del pueblo de Israel. En el libro de Josué, Israel es un pueblo nómada que ha transitado por el desierto durante cuarenta años, o sea por toda una generación. Este pueblo trae consigo el recuerdo de un encuentro con Jehová como liberador, como proveedor y como un Dios que exige un compromiso total con él. En Josué el pueblo es dirigido por un solo líder que dirige la invasión y conquista de Canaán.

En el libro de los Jueces, las tribus de Israel están más o menos establecidas en Canaán, viviendo una vida sedentaria en la cual la agricultura juega un papel muy importante. Las tribus están organizadas en una confederación sobre la cual no existe un solo caudillo o rey. Jueces representa una docena de caudillos que surgen de varias tribus en un momento de crisis nacional. Esta organización social informal tenía la ventaja de asegurar la independencia de cada tribu, pero al mismo tiempo exponía el pueblo a las invasiones de pueblos que tenían una estructura social más fija y jerárquica —como una monarquía, con un culto centralizado.

En el libro de los Jueces, Israel sucumbe a la tentación de ser como sus vecinos, adorando a los Baales y otros dioses. La rebelión o desobediencia a los mandatos de Jehová (en Josué) se convierten en apostasía cuando los hijos de Israel comienzan a adorar a los dioses extranjeros, especialmente aquellos dioses como Baal y Asera, que aseguraban la lluvia y la fertilidad de la tierra. La decadencia religiosa y social va mano a mano con la apostasía. Jueces comienza con la conquista de Canaán por las tribus de Israel, y termina con la guerra civil entre estas mismas tribus.

4. Estructura del Libro de los Jueces

En el libro de los Jueces podemos ver cinco divisiones mayores que corresponden a los eventos y personajes que actúan en ellos.

1. Continuación de la conquista de la tierra prometida: capítulo 1.

2. Muerte de Josué y razón teológica por la cual no fue conquistada completamente la tierra prometida: capítulos 2 y 3.

3. Jueces que gobernaron el pueblo de Israel: capítulos 4-16.

4. Micaía y el Levita: capítulos 17 y 18.

5. Guerra de las tribus contra Benjamín: capítulos 19-21.

Las primeras dos secciones dan el contexto teológico de Jueces y lo sitúan en relación a la historia que comienza en el Pentateuco y que se desarrolla a través del libro de Josué. (1.1-3.31) La parte más amplia (4.1-16.31) es el relato de la sucesión de jueces que gobernaron al pueblo de Israel durante este momento histórico en que todavía no existía la monarquía. Después de una breve historia sobre el sacerdocio (17.1-18.31), Jueces relata la desintegración de la unidad social y la guerra civil que se desató entre las tribus de Israel.

5. ¿Por qué leer el libro de los Jueces hoy?

El libro de los Jueces tiene muchos elementos semejantes al contexto de los pueblos hispanoamericanos. Representa la fundación de una sociedad por medio de una conquista en la cual un pueblo se mezcla con otro, creando un mestizaje cultural y religioso. Aunque los redactores del libro toman una actitud polémica hacia las religiones de los pueblos enemigos de Israel, también vemos que el contacto con ellos impulsa a Israel a ensanchar la imagen que tiene de Dios. La transición de una sociedad nómada hacia una más sedentaria y agrícola tiene un impacto sobre su relación con Dios. Jehová no es solamente el Dios que libera al pueblo en el Éxodo y los conduce a través del desierto, alimentándolo y cuidándolo, sino que es también el Dios que controla la creación, especialmente la lluvia y el rocío —elementos cruciales para que sobreviva una población rural cuya actividad principal es la agricultura. Jehová «lucha» contra Baal en este texto, venciéndolo, pero también asume los atributos de este dios de los cananeos.

El tema de la relación estrecha entre la libertad, la opresión y la violencia social también es muy importante para los pueblos hispanoamericanos. Los pueblos de América Latina han vivido en carne propia la opresión política y, para aquellos hispanos que viven en América del Norte, la opresión cultural. En la historia de América Latina a menudo han surgido «jueces o caudillos» en momentos de crisis nacional, supuestamente para «liberar» al pueblo de sus angustias. Muchas veces el libertador se convierte en el opresor con el pasar de los años. En estos casos, el libro de los Jueces interpela al lector: ¿Cuándo hemos pensado en nuestra historia en términos de nuestra fidelidad personal y colectiva hacia Dios? ¿Cómo está vinculada nuestra libertad con la fidelidad hacia Dios?

También el tema de la idolatría surge en nuestro medio. Así como Israel, al enfrentar las sociedades más poderosas de su época, siente la presión hacia la idolatría, así también el inmigrante que se desplaza hacia al norte, o la persona que recibe el impacto cultural de la globalización, tiene que escoger entre todas las cosas y presiones que le ofrece la cultura dominante. La idolatría del consumismo, la pérdida de valores culturales, y la pérdida de vínculos familiares y sociales son solamente algunas de las múltiples tentaciones que enfrentan los hispanos. Nos interpela una vez más el libro de los Jueces: ¿Cuáles valores podemos adoptar de la cultura dominante, sin destruir o desmerecer los valores de nuestra propia cultura que también perfilan una auténtica imagen de Dios?

Finalmente, al hacer hincapié sobre el ciclo de la apostasía, el castigo y la misericordia de Dios, el libro de los Jueces nos da una visión de la perseverante relación de amor de Jehová con su pueblo—una perseverancia que culmina en el momento en que Dios se hace carne en Jesús.

Comentario

1. Continuación de la conquista de la tierra prometida: capítulo 1

El primer capítulo del libro de los Jueces comienza con una escena retrospectiva. El libro de Josué concluye con la muerte de Josué y la realización de la conquista de la tierra prometida. Lógicamente, lo que seguiría sería la historia del asentamiento de las tribus en la tierra y el desarrollo de una sociedad agrícola y urbana formada por la obediencia a los mandamientos y el culto a Jehová. Sin embargo, Jueces retoma los eventos que se encuentran al final de Josué y les da otra trayectoria.

La conquista no fue completamente realizada según Jueces. Las tribus del sur —Judá, Simeón y Benjamín— que en el futuro formarían parte del reino del sur, lucharon por conquistar ciudades habitadas por los cananeos, incluyendo la de Jerusalén (1.8-10). Las tribus del norte —José, Manasés, Efraín, Zabulón, Aser, Neptalí y Dan— lucharon contra los cananeos y amorreos. En algunos casos no pudieron conquistar completamente a estos pueblos extranjeros, que se sometieron a las tribus de Israel, pero mantuvieron sus costumbres y su culto a los dioses locales. ¿Por qué este resultado inesperado?

2. Muerte de Josué y razón teológica por la cual no fue conquistada completamente la tierra prometida: capítulos 2 y 3

En el capítulo 2, Jueces describe el patrón que se implantaría en la relación de Dios con su pueblo. Será un ciclo repetido constantemente de rebelión o apostasía; luego un castigo para hacer reflexionar y volver al pueblo; y finalmente la misericordia de Dios hacia las tribus de Israel. Si las naciones extranjeras son el látigo del castigo, los jueces son el instrumento de la misericordia de Dios. Cuando Jehová escucha las plegarias del pueblo que sufre en manos de sus enemigos «levanta» jueces para salvar o liberar al pueblo.

No todas las naciones que vivían en Canaán fueron expulsadas, y Jueces nos da varias razones para ello. En estas razones se refleja el ciclo de rebelión, castigo y misericordia que vimos anteriormente. La primera razón enfoca la desobediencia del pueblo:

«Yo os saqué de Egipto y os he traído a la tierra que prometí a vuestros padres, cuando les dije: No invalidaré jamás mi pacto con vosotros, con tal que no hagáis pacto con los habitantes de esta tierra, cuyos altares debéis derribar, pero vosotros no atendisteis a mi voz. ¿Por qué habéis hecho esto? Por tanto, yo también digo: No los echaré de delante de vosotros, sino que serán azotes para vuestros costados, y sus dioses os serán tropezadero» (2.1-5).

La segunda razón es que los pueblos extranjeros que vivían en la tierra servirían de «látigo en manos de Jehová» para castigar a Israel cuando el pueblo olvidara su compromiso con el Dios que los sacó de Egipto y los condujo por el desierto. Finalmente, las naciones extranjeras no fueron eliminadas para que en el futuro, «el linaje de los hijos de Israel aprendiera cómo hacer la guerra» (3.1-2); o sea para que las generaciones futuras que no hubiesen conocido las guerras de la conquista también supieran luchar por su heredad. La misericordia de Dios tiene una dimensión pedagógica.

Así vemos que Jueces hace hincapié sobre un fenómeno que se repetiría a través de la historia de Israel: la fidelidad a Jehová no se hereda, pues es una decisión que cada generación debe tomar por sí misma. Jueces utiliza la muerte de Josué para mostrar cómo la decisión de seguir a Jehová surge especialmente durante la transición de una generación a otra:

«Pero murió Josué hijo de Nun... lo sepultaron en su heredad...Y murió también toda aquella generación, por lo que la generación que se levantó después no conocía a Jehová ni la obra que él había hecho por Israel. Después los hijos de Israel hicieron lo malo ante los ojos de Jehová y sirvieron a los baales...» (2.8-11).

Cada generación debe tomar la decisión de ser fiel a Jehová, a sus mandamientos y a su culto, a pesar de los cambios históricos y sociales que enfrenta. El libro de los Jueces relata la decisión tomada por varias generaciones que vivieron en la época en que el pueblo de Israel todavía estaba organizado como una confederación de tribus; cuando aún no existían las instituciones sociales como la monarquía y el culto organizado y centralizado.

Las naciones que azotan al pueblo se encuentran viviendo en medio de las tribus de Israel y también al exterior. Así vemos en el capítulo 3 que los enemigos del exterior azotan porque Israel hizo lo malo ante los ojos de Jehová, y Jehová se encendió contra ellos (3.7-8). Atacado del norte por el rey de Mesopotamia (3.9), al este por el rey de Moab, los amonitas y amalequitas (3.13) y al oeste por los filisteos (3.31), el pueblo de Israel pasó veintiséis años bajo un yugo extranjero. Cada vez clamaron a Jehová y este levantó un «liberador». Israel también estuvo bajo el yugo de los cananeos —el pueblo que supuestamente habían desplazado al conquistar la tierra prometida.

3. Jueces que gobernaron el pueblo de Israel: capítulos 4-16

En los capítulos 4 al 16 se encuentran las historias de «jueces» cuyas hazañas los destaca por encima de los demás liberadores. Encontramos la historia de Débora, la única mujer que la Biblia recuerda como una gobernadora justa de su pueblo; de Gedeón, un campesino de orígenes humildes que se destaca por su lucha contra los baales; de Jefté, hijo de una prostituta y jefe de una banda de malhechores, cuyo juramento imprudente trae una tragedia sobre su familia; y de Sansón, una persona de excepcional fuerza física, consagrado a Dios desde su infancia, pero que se deja engañar por sus enemigos por amor a una mujer. El libro de los Jueces pinta la imagen de libertadores que logran hacer la voluntad de Dios, pero cuyas debilidades humanas son al mismo tiempo un obstáculo para la obra de Dios, o resultan en una tragedia personal.

3.1. Débora

Israel se encontraba bajo el yugo de Jabín, rey de los cananeos. Según el texto bíblico, Jabín poseía la ciudad amurallada de Hazor, un ejército y un número abundante con las armas más temidas de su época —novecientos carros de hierro (4.3). Con esta breve descripción el texto destaca la debilidad política y militar de la confederación de tribus de los hijos de Israel. El rey tenía una gran ventaja. Con el poder centralizado del sistema monárquico, podía controlar los recursos de sus súbditos y usarlos para organizar un ejército permanente y profesional. Aparentemente, había usado este poder para oprimir «con crueldad a los hijos de Israel por veinte años» (4.3).

El contraste no podría ser más grande entre la persona que gobernaba a Israel y el rey de sus enemigos. En este momento, dice Jueces «gobernaba en aquel tiempo Israel una mujer, Débora, profetisa» (4.4). El pueblo acude «en busca de justicia» a una mujer —una persona que las leyes del Pentateuco marginan del gobierno político y religioso del pueblo. Sin embargo, Débora, cuyo nombre significa «abeja», gobernaba a Israel desde los montes de Efraín. Según la Biblia era «profetisa», o sea alguien que recibía, escuchaba y cumplía la palabra de Dios.

La historia de la liberación de Israel de los Cananeos, después de veinte años de opresión, se lleva a cabo por tres personajes: Débora, Jael y Barac

—dos mujeres y un hombre. Juntos, derrotan y eliminan a Sísera, el comandante del ejército cananeo. Sin embargo, el texto bíblico reconoce que Débora es la juez que libera al pueblo. Débora ejerce el papel tradicional del profeta en el antiguo Oriente— el de profetizar el éxito o fracaso de un rey o dirigente en la guerra. Es ella quien coordina la batalla contra los cananeos, y también la que anima a Barac, el comandante renuente de las fuerzas de Israel:

Un día Débora mandó llamar a Barac... y le dijo: «¿No te ha mandado Jehová, Dios de Israel diciendo: Ve junta a tu gente en el monte Tabor y toma contigo diez mil hombres...?» (4.6)

Entonces Débora dijo a Barac: «Levántate, porque este es el día en que Jehová te ha entregado a Sisara en tus manos. ¿Acaso no ha salido Jehová delante de ti?» (4.14).

El cántico atribuido a Débora y Barac en el capítulo 5 representa a Débora como la libertadora de Israel: «Las aldeas quedaron abandonadas en Israel, habían decaído hasta que yo, Débora, me levanté, me levanté como madre en Israel» (5.7). Pero el poema también le atribuye la victoria a Jael, una mujer extranjera que mata a Sísara, comandante del ejército cananeo: «Bendita sea entre las mujeres Jael... tendió su mano a la estaca... y golpeó a Sísara» (5.24 y 26). El texto subraya el hecho de que esta victoria sobre los cananeos es de Jehová, quien usa a las mujeres para lograrla. Débora le dice a Barac: «Iré contigo: pero no será tuya la gloria de la jornada que emprendes, porque en manos de mujer entregará Jehová a Sísara» (4.9).

3.2. Gedeón

Gedeón, el próximo juez que liberó a Israel, venía de una familia humilde de la tribu de Manasés. La historia de su llamamiento contiene muchos de los elementos que se encuentran en las «historias de las vocaciones» en los textos históricos y proféticos de la Biblia.

1. Jehová se acerca a una persona cuyas circunstancias o personalidad la hacen muy poco adecuada para la tarea que se le encomienda.

2. La persona protesta señalando las razones por las cuales no es apta para la misión que se le entrega.

3. Jehová responde, asegurándole que la misión será un éxito por su presencia y no por la habilidad de la persona.

4. Finalmente, Jehová le da un signo a la persona para confirmar su llamamiento.

En estas historias, el significado de la vida de la persona llamada por Dios está muy unido a las circunstancias sociales, políticas y religiosas del pueblo y la relación que este tiene con Jehová.

La historia de Gedeón repite este patrón:

1. Jehová se acerca a Gedeón, quien expresa abiertamente su desánimo y desconfianza en Dios (6.13).
2. Gedeón protesta porque su familia es pobre, y él es el menor de todos los hermanos (6.15).
3. Jehová responde: «Ciertamente yo estaré contigo, y tú derrotarás a los madianitas como a un solo hombre» (6.16).
4. Jehová confirma su presencia con Gedeón por medio de un signo —la ofrenda de Gedeón es consumida por el fuego sin que Jehová la tocara (6.21).

Gedeón entra en la historia de las tribus de Israel cuando varias generaciones han caído en el culto de Baal. En su papel como libertador tiene dos tareas importantes: destruir los altares de Baal y vencer militarmente a los madianitas. El significado de su vocación se nota en el cambio de su nombre a Jerobaal, que significa «luche Baal contra él» (6.32).

El llamado de Gedeón ocurre en el momento en que las tribus de Israel se encuentran invadidas por los madianitas, los hijos de Amalec y del oriente. Los madianitas eran una confederación de tribus nómadas arabes que tuvieron contacto con Israel desde el tiempo de Moisés. (Al huir de Egipto, Moisés se había refugiado con ellos y había tomado por esposa a la hija de uno de sus sacerdotes). Aparentemente estos grupos nómadas acostumbraban invadir la tierra de Canaán durante la época de la cosecha: «Acampaban frente a ellos y destruían los frutos de la tierra, hasta llegar a Gaza. No dejaban qué comer en Israel, ni ovejas, ni bueyes, ni asnos. Con sus tiendas subían como una inmensa nube de langostas» (6.4).

El enfoque de la historia de Gedeón es que Jehová es el único y verdadero libertador de Israel. Cada llamado de un juez y todo éxito en batallas se debe a su poder, ya sea sobre la naturaleza o por el temor que infunde en los corazones de los enemigos de Israel. En la historia de

Gedeón, Jehová toma medidas para que la victoria sobre los madianitas no sea erróneamente atribuida a las fuerzas de Israel. «Hay mucha gente contigo para que yo entregue a los madianitas en tus manos, pues Israel puede jactarse contra mí, diciendo: "Mi mano me ha salvado"» (7.2). Para lograr este objetivo, reduce el número de los guerreros que acompañan a Gedeón en su primera batalla. Dios salva, no solamente para que la vida de las tribus de Israel sea agradable, sino para que lo reconozcan y para que deseen una relación con él.

Gedeón gana la batalla contra los madianitas porque la mano de Jehová está con él, a pesar de la oposición interna de algunas de las tribus de Israel (8.1-17). Gana la batalla porque los madianitas están convencidos que Jehová está con ellos: «Esto no representa otra cosa sino la espada de Gedeón hijo de Joás, varón de Israel. Dios ha entregado en sus manos a los madianitas con todo el campamento» (7.14). Pero aún en la vida de este héroe, vemos que el ciclo de repudiar a Jehová comienza de nuevo. Gedeón confecciona un efod —un objeto cúltico que se llevaba puesto cuando un sacerdote pedía un oráculo— con el botín de sus batallas. Este se convierte en tropiezo para él y su familia «y todo Israel se prostituyó tras ese efod en aquel lugar» (8.27). La idolatría aumenta hasta que la generación que siguió a Gedeón llegó «a prostituirse yendo tras los baales, y escogieron por dios a Baal-Berit» (8.33). La apostasía y la violencia van mano a mano en el libro de los Jueces y se manifiestan aun en la propia familia de Gedeón con su hijo Abimelec que trata de converstirse en rey asesinando a todos los hijos de su padres excepto uno.

3.3. Jefté

La historia del juez Jefté —hijo de una prostituta, rechazado por sus hermanos y líder de una banda de hombres ociosos— es una de las más trágicas en el libro de los Jueces. Su perfil es el de una persona al margen de la sociedad, buscado por sus hermanos solamente por su habilidad como guerrero. Jefté fue elegido como caudillo y jefe por el pueblo cuando éste se encontraba «oprimido y quebrantado» por los amonitas durante dieciocho años (10.8). El texto bíblico no indica que la elección de Jefté fuese la voluntad directa de Dios, pero sí dice que «el espíritu de Dios vino» sobre él en ciertas ocasiones (11.29).

Cuando un líder desconoce a Jehová, las consecuencias pueden ser graves, aun cuando el líder sea usado por Dios para liberar a su pueblo. El narrador describe a Jefté como un hombre «esforzado y valeroso» (11.1), pero también como una persona que duda de la presencia de Dios aunque ha sido impulsado por el Espíritu de Dios (11.29). Hace un voto impulsivo a Jehová pretendiendo controlar el resultado de la batalla diciendo: «Si entregas a los amonitas en mis manos, cualquiera que salga de las puertas de mi casa a recibirme cuando yo regrese victorioso de los amonitas, será de Jehová y yo lo ofreceré en holocausto» (11.30). La persona que sale primero es su propia hija. Aunque es posible que Jefté haya pensado que el primero que saldría por la puerta sería uno de sus animales, su juramento lo «obliga» a sacrificarla. La actitud positiva del narrador hacia la sumisión de la hija representa los valores patriarcales que se notan a través de todo el texto —las mujeres deben ser obedientes y sumisas hasta la muerte.

3.4. Sansón

Sansón —hombre fuerte, colérico e imprudente— es el medio que Jehová usa para liberar a los hijos de Israel que habían pasado cuarenta años, toda una generación, bajo el dominio de sus vecinos. La historia de Sansón ejemplifica varios temas que hemos identificado en Jueces; pero el principal es: ¿De quién es la fuerza que salva a Israel?

Este personaje tiene una fuerza física fenomenal que emplea para derrotar a los filisteos, los enemigos de Israel que habitaban la costa del Mediterráneo. El dios principal que adoraban los filisteos era Dagón, dios del tiempo y del infierno, y al cual también se adoraba como el dios supremo. La relación de Sansón con los filisteos es única y muy personal, porque a pesar de ser israelita y adorador de Jehová, toma mujeres (tres de ellas) de entre sus enemigos; y a una de ellas (Dalila) le revela el origen de su increíble fuerza —su consagración a Jehová desde su infancia.

Sansón recibe su gran fuerza por medio de una intervención directa de Jehová en la vida de su madre y su padre. El anuncio de su concepción y nacimiento subraya un tema que se desarrolla en la vida de muchos personajes bíblicos: la vocación de la persona es un don de Dios en el cual participan sus padres desde el momento de su concepción. Un ángel aparece ante la madre de Sansón y le dice:

«Tú eres estéril y nunca has tenido hijos, pero concebirás y darás a luz un hijo. Ahora pues, no bebas ni sidra, ni comas cosa inmunda, pues concebirás y darás a luz un hijo. No pasará navaja sobre su cabeza, porque el niño será nazareo para Dios desde su nacimiento, y comenzará a salvar a Israel de manos de los filisteos» (13.3-5).

Sansón no recibe un llamamiento siendo adulto, como se nota en el caso de otros jueces. Sin embargo, el narrador dice varias veces que «el espíritu de Jehová vino sobre él» cuando luchaba contra los filisteos.

Aunque ha sido dedicado desde su concepción para la obra de Dios y aparentemente tuvo buenos padres, Sansón no parece ser un adulto muy maduro. Es una persona gobernada por sus deseos: tres veces busca mujeres entre los filisteos «porque le gustan», acomodándose a las costumbres de los que dominaban a su propio pueblo (14.1-20; 16.4-22) y esto finalmente le costó los ojos y la vida.

Esta debilidad también se hace notar en su relación con Jehová. Después de luchar contra los filisteos, siente sed, y le dice: «Tú has dado esta gran salvación por mano de tu siervo ¿cómo dejarás que muera yo ahora de sed y caiga en manos de estos incircuncisos?» (15.18). El versículo anterior lo representa en muy buenas condiciones y exaltándose a sí mismo por la victoria: «...con la quijada de un asno maté a mil hombres» (15.14).

Finalmente, su falta de madurez se nota en su actitud hacia el pueblo de Dios. Al enojarse con los filisteos, porque ellos habían entregado su mujer a otro hombre, quemó sus sembrados y se refugió en el territorio de la tribu de Judá. Cuando los hombres de Judá se enteraron, le dicen: «¿No sabes que los filisteos dominan sobre nosotros? ¿Por qué has hecho esto?» (15.11). El responde enfocando su respuesta sobre sí mismo: «Yo les he hecho como ellos me hicieron» (15.11). La ironía en el texto es que la liberación de Judá es obra del egoísmo de su «libertador o salvador». Sansón vence a los filisteos que habían dominado a Judá. Aún al final de su vida, cuando ha perdido sus ojos por su propia falta de discreción, le ruega a Jehová que le dé una oportunidad más, no para salvar a su pueblo, sino para vengarse: «Señor Jehová, acuérdate de mí y fortaléceme, te ruego, solamente esta vez, oh Dios, para que de una vez tome venganza de los filisteos por mis dos ojos» (16.28). Si comparamos a Sansón con Débora, podemos ver que a este héroe le hizo falta una visión colectiva para su pueblo.

4. Micaía y el Levita: capítulos 17 y 18

Al terminar el relato de la sucesión de jueces con la muerte de Sansón el texto bíblico cambia el hilo de la narración para relatar la historia de un hombre llamado Micaía y su relación con un levita. De esta manera vislumbramos brevemente el estado del sacerdocio en la época de los jueces. Era una época en la que existía el sincretismo, un culto a Jehová saturado de creencias y prácticas procedentes del culto a otros dioses. Micaía, un hombre deshonesto (le robó mil siclos de plata a su propia madre), tiene imágenes y objetos cúlticos (un efod y terafines) que no encajan con el culto a Jehová. Dice el narrador: «Este hombre Micaía tuvo así un lugar donde adorar a sus dioses. Hizo un efod y unos terafines, y consagró a uno de sus hijos para que fuera sacerdote. En aquellos días no había rey en Israel y cada cual hacía lo que bien le parecía» (17.5). Esta libertad se nota en Micaía porque no es muy fiel hacia sus dioses. Un día llega un joven levita —es decir, un miembro de la tribu sacerdotal— y Micaía desplaza a su propio hijo, y le encomienda al levita el culto de su casa pensando: «Ahora sé que Jehová me prosperará, porque tengo a un levita por sacerdote» (17.13). No desplaza las imágenes de sus dioses, sino que les añade el culto a Jehová.

Este culto sincrético de Jehová no se limita a la familia y al pueblo de Micaía, puesto que la tribu de Dan emigra del sur hacia el norte de Canaán y en su travesía por Efraín se llevan de la casa de Micaía al levita, las imágenes y los objetos del culto. Establecen entonces un santuario en Silo, que más tarde en la historia de Israel será castigado por ser uno de los centros que se convierten en tropiezo para el pueblo y destruyen su fidelidad hacia Jehová.

5. Guerra de las tribus contra Benjamín: capítulos 19-21

El libro de los Jueces relata la decadencia del pueblo de Israel en la época de sus primeros asentamientos en Canaán. A pesar de la misericordia de Dios, el pueblo es continuamente infiel hacia Jehová, y esta infidelidad está íntimamente ligada a la decadencia moral y a la violencia interna. En los últimos capítulos del libro, la creciente violencia estalla en escenas de violación, asesinato y una guerra civil que casi llega a ser genocidio.

Un signo de la decadencia social es el creciente abuso contra las mujeres en Jueces. Al comenzar, el trato de las mujeres es favorable, y aún más, hasta extraordinario para la época. Vemos a una mujer (Acsa) pidiendo su heredad y recibiéndola de su padre (1.11-15). En el relato de la sucesión de jueces se destaca el papel de Débora y Jael en la liberación del pueblo. También Jehová demuestra su consideración hacia la madre de Sansón. Pero, la violencia crece y entre estas historias vemos a la hija de Jefté sacrificada por el juramento imprudente de su padre.

La violencia contra la mujer culmina con la violación de la concubina de un levita que la entregó a los hombres de Benjamín para salvar su propia vida. Esta relato comparte muchos detalles con la historia de la destrucción de Sodoma y Gomorra en Génesis 19.1-10. Por medio de esta comparación, la historia del levita y su concubina señala el grado de corrupción y decadencia moral en que había caído la tribu de Benjamín. Dice el narrador: «Aquellos hombres... abusaron de ella toda la noche hasta la mañana y la dejaron cuando apuntaba el alba» (19.25). El levita toma su cuerpo y la hace pedazos, enviándolos por todo Israel. En la guerra que se desata contra los benjamitas, las otras tribus matan a todas las mujeres. Pero no cometen un genocidio completo, porque no quieren eliminar a una tribu de Israel. Para solucionar el problema, envían hombres a matar a todas las familias de Jabes-Galaad (un área que no se había unido a las guerras) y a robarse las vírgenes del pueblo (21.10-24). Las mujeres son el blanco de la rabia y un conveniente botín de guerra para las tribus de Israel.

Conclusión

El libro de los Jueces cierra con la frase «En aquellos días no había rey en Israel y cada cual hacía lo que bien le parecía» (21.25), que resume tristemente el estado moral, social y religioso de las tribus de Israel. El pueblo que no sabe obedecer a Dios y «hace pactos con los habitantes de la tierra» (2.1-2) y no derriba sus altares se encuentra en la misma situación moral que los pueblos vecinos. Sin embargo, la fidelidad de Jehová es grande, pero aún más grande es su misericordia, pues no abandona al pueblo que se aparta de él.

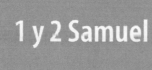

1 y 2 Samuel

Jehová se ha buscado un hombre
conforme a su corazón, el cual ha designado
para que sea príncipe sobre su pueblo.
1 Samuel 13.14

Introducción

«Jehová se ha buscado un hombre conforme a su corazón». Los dos libros de Samuel emplean esta expresión para describir a aquellas personas que realizan su vocación de acuerdo a la visión de Dios en el contexto de dos grandes instituciones sociales —la monarquía y el sacerdocio. En la Biblia, el corazón no es sencillamente el órgano que bombea sangre por todo el cuerpo, ni tampoco es solamente la sede de los sentimientos en la persona humana. El corazón encierra toda la vida interior —afectiva, intelectual, moral y religiosa. Incluye también la voluntad. Así pues, decir que una persona actúa según el corazón de Dios, es decir por analogía que vive de acuerdo a la vida interior afectiva, intelectual y moral de Dios, y que cumple su voluntad. El salmo 40, atribuido al rey David, representa a este tipo de persona fiel como sigue: «Entonces dije: "He aquí vengo; en el rollo del libro está escrito de mí; el hacer tu voluntad, Dios mío me ha agradado y tu Ley está en medio de mi corazón"» (Salmo 40.7-8).

Jueces, el libro anterior a 1 y 2 Samuel en la versión Hebrea del Antiguo Testamento, recalca las debilidades de los líderes del pueblo de Israel. En el libro de Samuel surge una vez más el problema del liderazgo en Israel.

El profeta y juez llamado Samuel es un hombre «conforme al corazón» de Jehová; pero sus hijos no lo son. Cuando en su vejez Samuel les cede el puesto de juez, el liderazgo por medio de jueces en Israel se disuelve en la injusticia perpetrada por los hijos de este gran amigo de Dios. Así pues, los autores del libro de Samuel recalcan una vez más el enfoque de Jueces: la fidelidad a Jehová no se transmite; cada generación debe tomar esta decisión. En este contexto nace la monarquía en Israel.

Al encontrarse gobernado por jueces injustos, el pueblo pide un rey, corriendo el peligro de que en el futuro un gobernante injusto ocupe legítimamente el trono, dejando al pueblo sin recurso. No hay ninguna garantía de que el rey sea alguien «conforme al corazón de Jehová». Samuel interpreta la transición del régimen de los jueces hacia la monarquía como un rechazo de la autoridad de Jehová, que Dios permite pero no aprueba. Más aún, existe un conflicto entre la visión que tiene el pueblo del monarca y la visión de Jehová. En el libro de Samuel vemos la elección de dos reyes: Saúl, escogido según criterios humanos, y David, escogido y ungido por Samuel según los criterios de Dios. Esta ambivalencia hacia la monarquía se nota a través de todo el libro de Samuel y resurge en el siguiente libro, Reyes.

1. Contexto bíblico los dos libros de Samuel

El libro de Samuel traza el comienzo y la evolución de dos elementos claves en la sociedad de Israel. El primero es el papel importante que jugaron los profetas, cuyas palabras inspiradas impactaban tanto sobre el pueblo en general, como en la política de los gobernantes y el culto que se rendía a Dios. La figura clave del profetismo es Samuel, cuyo ministerio el texto describe así: «Jehová estaba con él. Y todo lo que Jehová decía se cumplía» (1 S 3.19). El segundo elemento clave es la monarquía, que comienza a petición del pueblo, con la unción del rey Saúl (1 S 8.4) y finalmente se establece con el reino de David (1 S 16.12), el elegido y preferido de Jehová. Estos dos elementos y el sacerdocio constituyeron las tres dimensiones e instituciones sociales y teológicas que le dieron forma al pueblo de Israel.

Los dos libros de Samuel, que en realidad son uno solo, relatan el establecimiento de dos grandes instituciones sociales en Israel —el profetismo y la monarquía— que sirven para unir al pueblo por primera vez, desde que habita en Canaán. El libro de Samuel representa la cima de estas dos instituciones durante la época del rey David. 1 y 2 Reyes cuenta la historia de la decadencia del reino unido establecido por David, y su separación en dos reinos, el del norte y el del sur, durante el reinado de Roboam, hijo de Salomón y nieto de David.

2. Personajes

Samuel, Saúl y David, los personajes que sobresalen en estos dos libros, representan una etapa en la vida nacional del pueblo de Israel en la cual los papeles de la monarquía, el sacerdocio y el profetismo en la vida de la nación comenzaban a destacarse.

Samuel, último juez en Israel, es también sacerdote y profeta. Fue reconocido por el pueblo como hombre de Dios porque, como el narrador dice, «Jehová estaba con él; y no dejó sin cumplir ninguna de sus palabras» (1 S 3.19), o sea que sus palabras lo identifican como un auténtico intermediario de Dios: «Todo Israel, desde Dan hasta Beerseba, supo que Samuel era fiel profeta de Jehová» (1 S 3.20). El libro de Samuel lo describe como uno de los grandes jueces que se destaca por una obediencia incondicional hacia Jehová. Samuel fue el instrumento que Jehová utilizó para implantar la monarquía en Israel. Sin embargo, muere en el momento en que la monarquía todavía no es estable; cuando culmina la persecución de Saúl hacia David.

La muerte de Samuel no es el fin de los profetas en Israel; éstos aparecen especialmente en momentos en que el rey comete un pecado. En el libro de Samuel surgen varios, incluyendo a Natán, quien condena el adulterio y asesinato cometido por el rey David (2 S 12), y Gad, profeta y vidente que prescribe los castigos cuando David peca al censar al pueblo (1 S 24).

Saúl y David —dos reyes que Samuel unge por orden de Jehová— son personajes opuestos en este relato. Saúl es más caudillo que rey. Sale a batallar con los enemigos de Israel, pero no toma medidas para centralizar el gobierno ni el culto. Es miembro de la tribu de Benjamín, que en el libro de los Jueces provoca una guerra civil con las otras tribus de Israel. Su tribu provoca continuamente la guerra, aun después de la eliminación de la familia real de Saúl. Benjamín es la tribu que usan los que tratan de usurpar el trono de David (Is-boset, hijo de Saúl y Absalón, hijo de David), aislando la tribu de Judá de las demás, y prefigurando de esta manera la división entre el reino del norte y del sur que ocurrirá en el segundo libro de los Reyes.

David, hijo de Isaí de la tribu de Judá, es ungido por Samuel cuando Saúl desobedece a Jehová y pierde su trono. El libro de Samuel no da una genealogía detallada de David, pero el libro anterior (según la LXX), lo ubica como descendiente de Rut la moabita y de Booz (Rt 4.18-20). Esta tribu forma parte de los descendientes de Fares, hijo de Judá, y Tamar (Gn 38.29). (El Nuevo Testamento ubica a Jesús en la tribu de Judá: Mt 1. 3-6 y Lc 2. 32-33). David recibe una triple unción que confirma su posición como rey de todas las tribus, seleccionado por Jehová: la unción de Samuel hecha por orden de Jehová (1 S 16.13); la de la tribu de Judá (2 S 2.4) cuando lo aceptan como rey; y la de las tribus de Israel (2 S 5.3), o sea las tribus del norte que se habían sublevado contra David. David comienza su reino en Hebrón, la ciudad principal de Judá antes de que Jerusalén fuera conquistada por David.

3. El mundo social de 1 y 2 Samuel

Los libros de Samuel trazan un cambio social enorme en la historia de Israel. El pueblo de Israel, con sus instituciones sociales y religiosas organizadas informalmente, y gobernado por una sucesión de caudillos, ahora se transforma siguiendo el modelo tomado de los pueblos a su alrededor, estableciendo la monarquía y siguiendo el impulso de centralizar el culto en un solo lugar.

La monarquía crea una clase social urbana que paulatinamente traslada el poder de las tribus hacia el gobierno central. Esto es un cambio que causa su propia forma de esclavitud. La amonestación de Samuel a los ancianos de Israel define la pérdida de libertad a la que someterían al pueblo al pedirle un rey a Jehová. La monarquía desterraría a los habitantes de su heredad. Utilizaría a los hombres que cultivaban la tierra para formar un ejército profesional (1 S 8.12). Tomaría un diezmo para sostener la burocracia: «...tomará lo mejor de vuestras tierras, de vuestras viñas, y de vuestros olivares, para dárselo a sus siervos» (1 S 8.14). Usaría los recursos del pueblo para grandes obras de construcción (1 S 8.16). Finalmente, crearía una demanda por lujos y honores, y usaría a los hijos y las hijas del pueblo para obtenerlos: «...tomará vuestros hijos y los destinará a sus carros y su gente de a caballo, para que corran delante de su carro... tomará a vuestras hijas para perfumistas, cocineras y amasadoras» (1 S 8.11-13). Todo esto requiere un sistema de impuestos, y para los impuestos se necesita censar a la población —un gesto que la Biblia considera como una ofensa a Dios (2 S 24).

Como hemos visto en la sección anterior, la transición del caudillismo hacia la monarquía no fue inmediata, sino que evolucionó a través de los reinos de Saúl y David. Finalmente, la monarquía que gobernaba Israel como un país unido fue consolidada en manos de Salomón hijo de David; pero, como veremos en el primer libro de los Reyes, se dividió para formar dos reinos cuando Roboam sucedió a su padre Salomón.

4. Estructura de 1 y 2 Samuel

La estructura que damos a continuación señala la manera en que la monarquía emerge del gobierno de un juez —Samuel, cuyo papel se transforma en el de profeta según avanza la narración.

1. Samuel: Emerge un juez y profeta en Israel: 1 S 1-7
2. Israel pide un rey: 1 S 8-12
3. Comienzo del reino, Saúl y David: 1 S 13-2 S 5.10
4. David centraliza el poder y el culto en Jerusalén: 2 S 5.11-12. 31
5. David pierde y luego reconquista Jerusalén: 2 S 13.1-20.41
6. David prepara el futuro de Israel: 2 S 21-24

El texto culmina con una gran hazaña: la unificación geográfica, política y religiosa que logra David, el rey que se convierte en el paradigma de todos los reyes.

5. ¿Por qué leer el libro Samuel hoy?

En un mundo como el nuestro, empapado por la idea de que la religión y el culto son para la casa o para celebrar los domingos, la participación de Dios en el gobierno de un pueblo puede parecer fuera de lugar. Vivimos en un mundo donde las palabras de Jehová a Samuel son una realidad: «...no te han desechado a ti, sino a mí me han desechado, para que no reine sobre ellos» (1 S 8.6).

Limitar a Dios a la casa o al culto tiene sus consecuencias. El libro de Samuel recalca la manera en que la relación personal de un líder y de un pueblo entero con Dios establece vínculos de solidaridad y crea las condiciones para que la sociedad viva en paz. El no darle lugar a Dios crea un vacío en el cual pueden entrar cosas contrarias —la violencia, el vicio y la guerra— que afectan a todos, desde los mandatarios hasta la persona más humilde. Los hispanos hemos vivido esta dinámica espiritual en carne propia, puesto que la mayoría hemos emigrado por la violencia o hemos experimentado la violencia en las comunidades que habitamos en Norte América y en toda América Latina.

El libro de Samuel también nos presenta un rico trasfondo para interpretar los atributos de Jesús, el descendiente de David, al cual el Nuevo Testamento atribuye la promesa: «Jehová se ha buscado un hombre conforme a su corazón, el cual ha designado para que sea príncipe sobre su pueblo» (1 S 13.14). En Hechos 13. 22-23 San Pablo emplea este texto para referirse al reinado eterno de Jesús, descendiente de David y Salvador de Israel. En Jesús notamos rasgos de las tres grandes vocaciones —sacerdote, profeta y rey— vividos conforme al corazón de Dios. Este es el gran signo de nuestra esperanza y el objetivo de nuestra fe. Sí existe alguien conforme al corazón de Dios, y ese alguien ha sido «designado para que sea príncipe» sobre los hispanos y sobre todos los pueblos de la tierra.

Comentario

Los dos libros de Samuel son la historia del nacimiento de las dos grandes instituciones sociales —el profetismo y la monarquía— y comienzan justamente con el nacimiento de Samuel, el personaje que es el instrumento de la transformación de estas instituciones.

1. Samuel: Emerge un juez y profeta en Israel: 1 S 1-7

«Mi corazón se regocija en Jehová, mi poder se exalta en él; mi boca se ríe de mis enemigos por cuanto me alegré en tu salvación». (Palabras de Ana, madre de Samuel el profeta, en 1 S 2.1). La historia de Samuel, el gran profeta y juez, comienza con la historia de su madre Ana —una persona oprimida que recibe la libertad. La infertilidad en una mujer la marginaba en una sociedad donde los hijos eran un signo de que Dios estaba presente en la familia. Sin embargo, en la Biblia existe una tradición en la cual la mujer infértil da a luz por medio de la intervención de Dios. Por ejemplo Sara, la madre de Isaac (Gn 21) y Ana la madre de Sansón (Jue 13). En estos casos, la «liberación» de la mujer no se trata de un cambio político ni social, sino de la concepción y el nacimiento de un niño.

Generalmente el niño que nace en estas circunstancias juega un papel importante en la vida de la nación. Así pues, Samuel, cuyo nombre significa «se lo pedí a Dios» (1 S 1.20), es el fruto de la oración persistente de su madre: «¡Jehová de los ejércitos!, si te dignas mirar la aflicción de tu sierva, te acuerdas de mí y no te olvidas de tu sierva, sino que das a tu sierva un hijo varón, yo lo dedicaré a Jehová todos los días de su vida, y no pasará navaja por su cabeza» (1 S 1.11). En el caso de Sansón, es Jehová quien inicia la consagración del hijo; pero aquí es Ana quien consagra a su hijo de por vida a Jehová, cumpliendo la ley del nazareato (Nm 6.5). (De la misma manera, Dios consagra a Juan el Bautista en Lc 1.46-55).

El enfoque principal de los primeros siete capítulos de Samuel es la forma en que Jehová suscita a un profeta, juez y sacerdote fiel según su corazón y sus deseos (1 S 2.35). Samuel es concebido y nace en una familia devota, pero la consagración del niño por su madre lo entrega automáticamente a una familia de sacerdotes impíos: Elí, y sus hijos Ofni y Finees. La impiedad de los hijos de Elí consistía en abusar de la gente que venía a sacrificar al templo en Silo. Tomaban la mejor parte de las ofrendas, una injusticia con la que «menospreciaban las ofrendas de Jehová» (1 S 2.17). También, dormían con las mujeres «que velaban a la puerta del Tabernáculo de reunión» (1 S 2.22), una actividad que podría indicar una asimilación de la práctica cananea de la prostitución sagrada.

Elí, el sacerdote que educa a Samuel, también es condenado por impiedad. Parece ser un hombre de carácter pasivo, que acusa a la madre de Samuel de impiedad (borrachera en el templo), sin cerciorarse de la verdad. Aunque conoce las acciones de sus hijos y protesta contra ellos (1 S 2.23), no hace nada. Así pues, viene «un varón de Dios», o sea un profeta, ante él y le anuncia el fin de él y de su dinastía sacerdotal. El profeta acusa a Elí diciéndole que prefiere a sus hijos más que a Jehová: «¿Por qué has honrado a tus hijos más que a mí, haciéndolos engordar con lo principal de todas las ofrendas de mi pueblo Israel?» (1 S 2.29).

El joven Samuel crece y continúa «haciéndose grato delante de Dios y delante de los hombres» (1 S 2.26), a pesar del ambiente impío en el que se cría. (El Evangelio de Lucas usa una expresión semejante para referirse a Jesús: Lc 2.40). Aunque su hogar era el templo de Silo, donde estaba el Arca de la alianza, también llamado el tabernáculo de la presencia de Dios, la presencia de Jehová no se hacía sentir a menudo: «En aquellos días escaseaba la palabra de Jehová y no eran frecuentes las visiones» (1 S 3.1). Incluso, dice el narrador, el mismo Samuel no había tenido una experiencia personal de Jehová: «Samuel no había conocido aún a Jehová, ni la palabra de Jehová le había sido revelada» (1 S 3.7). Por eso Jehová tuvo que llamar a Samuel tres veces hasta que Elí comprendió que el joven había sido llamado por Dios. Dios obra a pesar de la falta de sensibilidad de Elí —un hombre que no había transmitido la piedad a sus propios hijos— hacia la experiencia del joven Samuel. No bastaba escuchar la voz, sino que el joven tenía que identificarla como la voz de Jehová.

La destrucción anunciada como castigo sobre la casa de Elí se lleva a cabo y Samuel es reconocido como juez sobre todo Israel. Este sacerdote, profeta y juez promueve una profunda conversión religiosa entre las tribus de Israel. Ellos «quitaron a los baales y a Astarot y sirvieron solo a Jehová» (1 S 7.4). El resultado de esta conversión nacional es libertad y paz, puesto que los enemigos tradicionales de Israel, los filisteos y amorreos, no pudieron vencer al pueblo mientras Jehová gobernaba a través de Samuel.

2. Israel pide un rey: 1 S 8-12

Aunque Samuel fue un sacerdote, profeta y juez excepcional, vemos —como en el libro de los Jueces— que la fidelidad a Jehová no se transmite de generación en generación. Los hijos de Samuel «no anduvieron por los caminos de su padre, sino que se dejaron llevar por la avaricia, dejándose sobornar y pervirtiendo el derecho» (1 S 8.3). Al encontrarse gobernados por jueces injustos, los ancianos de Israel van a Samuel y piden un rey diciendo: «Tú has envejecido y tus hijos no andan en tus caminos, por tanto, danos ahora un rey que nos juzgue, como tienen todas las naciones». Esta petición parecer surgir de un deseo de justicia, pero delata una actitud subyacente que indica también un rechazo a

Jehová. Quieren ser como las naciones que los rodean, sosteniendo una monarquía que centraliza el poder.

En el libro de Samuel vemos una actitud ambivalente hacia la monarquía. Un punto de vista enfoca la monarquía como una bendición que Dios le da a su pueblo, pero otro la describe como un rechazo al gobierno directo de Jehová sobre su pueblo. Le dice Jehová a Samuel: «Oye la voz del pueblo en todo lo que ellos digan; porque no te han desechado a ti, sino a mí me han desechado para que no reine sobre ellos» (1 S 8.7). Jehová le dice a Samuel que debe advertir solemnemente al pueblo que la monarquía exigirá de ellos más que el gobierno de los jueces. Los reyes se convertirían en opresores de su propio pueblo, y «aquel día os lamentaréis a causa del rey que habréis elegido, pero entonces Jehová no os responderá» (1 S 8.18).

3. Comienzo del reino, Saúl y David: 1 S 13-2 S 5.10

La monarquía comienza con Saúl, un joven que «entre los hijos de Israel no había otro más hermoso que él; de hombros arriba sobrepasaba a cualquiera del pueblo» (1 S 9.2). Samuel lo unge según las órdenes que recibe de Jehová, y Saúl también recibe el espíritu de Dios «con poder y profetizó» (1 S 10.10). Pero desde el comienzo de su reino el joven rey da señas de un problema de personalidad. Cuando todas las tribus se reúnen para aclamarlo rey, se esconde entre el bagaje (1 S 10.22). Este problema de personalidad aumentó, especialmente después de que Saúl fue rechazado por Jehová por su propia desobediencia. Saúl era propenso a la melancolía y los celos hasta el punto de rechazar a su propio hijo y de tratar de matar a David.

Al instalar a Saúl como rey, surge de nuevo en libro de Samuel la ambigüedad hacia la monarquía. Pedir un rey es un pecado y Samuel el profeta recalca esto con un signo.

«Esperad aún ahora y mirad esta gran cosa que Jehová hará ante vuestros ojos. ¿No es ahora la siega del trigo? Yo clamaré a Jehová, y él dará truenos y lluvias, para que conozcáis y veáis cuán grande es al maldad que habéis cometido ante los ojos de Jehová pidiendo para vosotros un rey». Luego clamó Samuel a Jehová y Jehová dio truenos y lluvias en aquel día; y todo el pueblo sintió un gran temor de Jehová y de Samuel (1 S 12.16-8).

Jehová accede y les da a Saúl, pero con la condición que tanto el pueblo como el rey sean fieles a él:

«Ahora, pues, aquí tenéis al rey que habéis elegido, el cual pedisteis; ya veis que Jehová os ha dado un rey. Si teméis a Jehová y lo servís, si escucháis su voz y no sois rebeldes a la palabra de Jehová, si tanto servís a Jehová, vuestro Dios haréis bien. Pero si no escucháis la voz de Jehová, si os rebeláis contra sus mandatos, la mano de Jehová estará contra vosotros como estuvo contra vuestros padres (1 S 12.13-5)... si perseveráis en hacer mal, vosotros y vuestro rey pereceréis» (1 S 12. 25).

Saúl reunió guerreros de las diferentes tribus de Israel que lucharon por liberar al pueblo de la amenaza de los amonitas. Pero aunque Saúl demuestra que es un buen guerrero, también empieza a tomar medidas que muestran su falta de juicio. La primera medida —ofrecer holocaustos él mismo, sin esperar a Samuel— le cuesta el reino. Con este gesto Saúl no respeta el sacerdocio y quebranta los mandamientos de Jehová:

«Locamente has actuado; si hubieras guardado el mandamiento que Jehová, tu Dios, te había ordenado, Jehová habría confirmado tu reino sobre Israel para siempre. Pero ahora tu reino no será duradero. Jehová se ha buscado un hombre conforme a su corazón, el cual ha designado para que sea príncipe sobre su pueblo, por cuanto tú no has guardado lo que Jehová te mandó» (1 S 13.13-4).

Saúl no se arrepiente de haber ofendido a Jehová. Se vuelca hacia la familia de Elí —la familia de sacerdotes que Jehová había rechazado cuando Samuel era niño— para realizar el culto a Jehová. Estaban con él «...Ahías hijo de Ahitob, hermano de Ichabod hijo de Dinees hijo de Elí, sacerdote de Jehová en Silo» (1 S14.3). Ahías llevaba el efod (objeto cúltico ligado al sacerdocio) y Saúl también se había apoderado del Arca de Dios (1 S 14.18). Saúl había caído en el gran pecado de los reyes: tratar de controlar el culto de Dios, sin su permiso.

La desobediencia de Saúl aumenta y se convierte en el caso clásico de la desobediencia hacia Dios que la Biblia condena repetidamente en los otros libros históricos y en los libros proféticos. Samuel proclama una palabra de Jehová en la cual Dios le ordena a Saúl que se enfrente a los amalecitas, quienes habían atacado al pueblo cuando era vulnerable al salir de Egipto. La guerra era para vengar un mal hecho, y Jehová ordenó la destrucción de todo el pueblo, incluyendo sus posesiones.

Pero Saúl no escucha ni obedece. Salva la vida del rey de los amalecitas y toma lo mejor de sus ovejas y ganado. Samuel le echa en cara su pecado: «Jehová te envió en una misión... ¿Por qué pues, no has oído la voz de Jehová? ¿Por qué te has lanzado sobre el botín y has hecho lo malo ante los ojos de Jehová?» (1 S 15.18-9). Saúl no es un hombre que tome responsabilidad por sus propias acciones y responde: «Al contrario, ¡he obedecido la voz de Jehová! Fui a la misión que Jehová me envió, traje a Agag, rey de Amalec, y he destruido a los amalecitas. Pero el pueblo tomó del botín... lo mejor del anatema, para ofrecer sacrificios a Jehová, tu Dios, en Gilgal» (1 S 15.20-1). Esta protesta de Saúl revela las raíces de su desobediencia: escucha al pueblo y no a Dios, y ofrece sacrificios que Dios no ha pedido. También es muy elocuente la manera en que Saúl se refiere a Dios en este relato: «...tomó del botín... para ofrecer sacrificios a Jehová, tu Dios...» (1 S 15.21). «Yo he pecado, pero te ruego... que vuelvas conmigo para que adore a Jehová, tu Dios» (1 S 15.30). Saúl adora a Jehová, pero no se refiere a él como mi Dios.

La condenación de esta actitud de Saúl tiene sus raíces en el libro de Deuteronomio: «Como pecado de adivinación es la rebelión» (1 S 15.23; Dt 18.10), y en los libros proféticos: «¿Acaso se complace Jehová tanto en los holocaustos y sacrificios como en la obediencia a las palabras de Jehová?» (1 S 15.22; Os 6.6; Am 5.22-24; Miq 6.7-8). Más tarde, la rebelión de Saúl se convierte realmente en adivinación, puesto que Jehová ya no contestaba sus interrogaciones «...ni por sueños, ni por Urim, ni por los profetas» (1 S 28.6). Saúl entonces visita a una mujer que tiene espíritu de adivinación para saber qué hacer ante la amenaza de los filisteos (1 S 28.1-25).

A pesar de que la monarquía surge por razón del rechazo del gobierno de Jehová sobre las tribus de Israel, Dios no abandona a su pueblo. Jehová sigue buscando una persona que gobierne según su corazón, y envía a Samuel a ungir a David, aún estando Saúl en el trono. La unción de David es una lección sobre la diferencia entre el discernimiento de los humanos y la de Dios. Desfilan delante de Samuel todos los hermanos de David, pero Samuel no recibe ninguna señal de Jehová para saber cuál ha sido designado rey. Aunque Eliab, el hermano de David, es muy bien parecido (como Saúl), Jehová no permite que Samuel lo unja: «No mires a su parecer, ni a lo grande de su estatura, porque yo lo desecho; porque Jehová no mira lo que mira el hombre, pues el hombre mira lo que está delante de sus ojos, pero Jehová mira el corazón» (1 S 16.7). El corazón de la persona es lo que indica su aptitud para gobernar, y solamente Jehová tiene la capacidad para escudriñarlo.

Desde el momento en que David es ungido, «el espíritu de Dios se apartó de Saúl» (1 S 16.14) y presenciamos la desintegración de su personalidad y de su reino en lo que resta del primer libro de Samuel. El desastre se desata cuando David, todavía un joven pastor, pone en evidencia las limitaciones de Saúl, el rey. Nadie, incluyendo a Saúl, quería enfrentarse a Goliat, el campeón de los filisteos. Pero David se atreve y se hace notar su fidelidad a Jehová. Le dice a Goliat: «Tú vienes contra mí con espada, lanza y jabalina; pero yo voy contra ti en el nombre de Jehová de los ejércitos, el Dios de los escuadrones de Israel, a quien tú has provocado» (1 S 17.45). Cuando David vence al filisteo y el pueblo celebra su victoria, provoca celos en Saúl:

Aconteció que cuando volvían, después de haber matado David al filisteo, salieron las mujeres de todas las ciudades de Israel a recibir al rey Saúl cantando y danzando con panderos, con cánticos de alegría y con instrumentos de música. Mientras danzaban, las mujeres cantaban diciendo: «Saúl hirió a sus miles, y David a sus diez miles» (refrán que se repite en 1 S 21.11 y 1 S 29.5). Saúl se enojó mucho y le desagradaron estas palabras, pues decía: «A David le dan diez miles y a mí miles; no le falta más que el reino». Y desde aquel día Saúl no miró con buenos ojos a David (1 S 18.6-9).

Los celos de Saúl culminan en un atentado contra la vida de David (1 S 19.10). Intercalados en esta triste historia del desequilibro de Saúl, se encuentran los hechos de Jonatán, su hijo, un hombre que fue siempre fiel a David y cuya sabiduría se nota en el texto mucho antes de que David aparezca (1 S 14). Jonatán defiende a David y por esa razón Saúl también arroja una lanza para matarlo (1 S 20.33).

David huye de Saúl y se convierte en fugitivo y caudillo, reuniendo a todos los afligidos y necesitados: «...se le unieron todos los afligidos, todos los que estaban endeudados y todos los que se hallaban en amargura de espíritu, y llegó a ser su jefe. Había con él como cuatrocientos hombres» (1 S 22.2). Busca refugio para su familia en Moab, el país de donde había venido Rut, su antepasada. David vivió como fugitivo perseguido por Saúl: «David se quedó en el desierto, en lugares fuertes y habitaba en un monte en el desierto de Zif. Lo buscaba Saúl todos los días pero Dios no lo entregó en sus manos» (1 S 23.14).

Dios sí entregó a Saúl en manos de David varias veces, pero éste no lo mató. (1 S 24; 1 S 26). La razón que da David es que él no levantaría la mano contra el ungido de Jehová. La unción ante Jehová y ante el pueblo legitimaba el gobierno del rey, pero también era señal de la consagración de la persona a Jehová. Esta consagración se hacía sentir cuando el rey era movido por el espíritu de Dios, y porque su persona era inviolable. El mismo Saúl, al verse perdonado por David, lo toma como signo de la bendición de Dios sobre su enemigo:

«Hoy me has mostrado tu bondad; pues Jehová me ha entregado en tus manos y no me has dado muerte. Porque, ¿quién encuentra a su enemigo y lo dejar ir sano y salvo? Jehová te pague con bien lo que en este día has hecho conmigo. Ahora tengo por cierto que tú has de reinar, y que el reino de Israel se mantendrá firme y estable en tus manos» (1 S 24.18-21).

La legitimación de David se expresa en la boca de su predecesor y rival. Tristemente, este patrón de respetar al ungido del Señor no se repite entre los reyes de Israel, pues el libro de los Reyes relata el asesinato de un rey tras otro mientras duró la monarquía en Israel.

Esta es una de las pocas veces que Saúl da muestras de un arrepentimiento profundo; pero luego sigue persiguiendo a David, y éste decide refugiarse entre los enemigos de Israel, los filisteos. Los filisteos no permiten que David luche con ellos contra Israel, por temor a ser traicionados, y durante esa batalla, Saúl y sus hijos mueren.

El libro de Samuel anticipa la eventual separación en dos reinos que sucede en el libro de los Reyes. Pero antes, David logra unificar el reino del norte y el del sur. David fue ungido por Samuel como el elegido de Jehová, pero tuvo que luchar por el reino. La casa de David es principalmente la que reina sobre Judá, y esta tribu fue la que lo reconoció primero como su rey. Pero las tribus del norte, bajo la influencia de Abner, el comandante de Saúl, ponen al hijo de Saúl —Is-boset— para que reine sobre Galaad, Gesuri, Jezreel, Efraín y Benjamín. El resultado es una guerra civil entre la casa de David y la de Saúl que duró por mucho tiempo.

Finalmente, al verse sin rey, todas las tribus de Israel vienen a David y lo proclaman rey citando una profecía que aparentemente había circulado entre el pueblo: «Tú apacentarás a mi pueblo Israel, y tú serás quien gobierne a Israel» (2 S 5.2). Este relato destaca una característica de la monarquía en Israel: el rey gobierna con la unción de Jehová y con el consentimiento y la unción del pueblo. Este acuerdo se llevaba a cabo por medio de un pacto: «Vinieron pues, todos los ancianos de Israel ante el rey en Hebrón. El rey David hizo un pacto con ellos allí delante de Jehová; y ungieron a David como rey de Israel» (2 S 5.3).

4. David centraliza el poder y el culto en Jerusalén: 2 S 5.11-12.31

La ciudad de Jerusalén, que jugaría un papel tan importante en la historia de Israel, era una fortaleza de los jebuseos, gente cananea, a quienes David derrota después de ser proclamado rey de todo Israel. La ciudad estaba construida sobre el monte Sión. Al conquistarla, David le puso el nombre de Ciudad de David. En este lugar construye David su casa con la ayuda material de Hiram, rey de Tiro. El narrador describe esto como un signo de la bendición y aprobación de Dios: «David supo entonces que Jehová lo había confirmado como rey de Israel y que había engrandecido su reino por amor de su pueblo Israel» (2 S 5.12).

David da el próximo paso hacia la centralización del poder y la unidad nacional: lleva el Arca de Dios «sobre la cual era invocado el nombre de Jehová de los ejércitos que tiene su trono entre querubines» a Jerusalén (2 S 6.2). En una ceremonia en la que está presente todo el pueblo, David «bendijo al pueblo en el nombre de Jehová de los ejércitos» (2 S 6.18). «Jehová Dios de los ejércitos» es un título que se usa para referirse a Dios solamente en los libro proféticos, en los Salmos, en Samuel y en Reyes. Probablemente se refiere al Dios que se sienta sobre los querubines por encima de los poderes cósmicos, y por lo tanto por encima de los poderes de la naturaleza. Esta expresión es usada por los profetas para designar al Dios supremo del cielo y de la tierra.

En este momento sucede una de las escenas más importantes en el libro de Samuel. Es una escena que tiene un significado trascendente para el reinado de David y para la historia de la monarquía en Israel. Preocupado porque él vive en una casa de cedro y el Arca está en una tienda, David le pide consejo al profeta Natán: ¿Debería construirle una casa a Jehová? (2 S 7.1-29). En el Medio Oriente antiguo, los reyes acostumbraban construir grandes templos a los dioses cuando finalmente habían consolidado su poder. La respuesta de Jehová se opone a este gesto de David:

«¿Tú me has de edificar una casa en la que yo more? Ciertamente no he habitado en casa desde el día que saqué a los hijos de Israel de Egipto hasta hoy... ¿He dicho acaso de alguna de las tribus de Israel, a quien haya mandado apacentar a mi pueblo de Israel?: "¿Por qué no me habéis edificado una casa de cedro?"» (2 S 7.4-7).

Jehová invierte los papeles. No es David el que va a construir una casa para Jehová, sino que es Jehová quien construirá una casa eterna para David. Aquí el texto bíblico usa dos sentidos hebreos de la palabra «casa»: (1) un lugar para abrigarse y habitar; (2) una familia o descendencia. Jehová bendice a David, recordándole sus orígenes y prometiéndole una descendencia eterna:

«Así ha dicho Jehová de los ejércitos: Yo te tomé del redil, de detrás de las ovejas, para que fueras príncipe de mi pueblo Israel; y he exterminado delante de ti a todos tus enemigos, y te he dado nombre grande, como el nombre de los grandes que hay en la tierra... Asimismo, Jehová te hace saber que él te edificará una casa. Y cuando tus días se hayan cumplido y duermas con tus padres, yo levantaré después de ti a uno de tu linaje, el cual saldrá de tus entrañas, y afirmaré para siempre el trono de su reino. Yo seré padre para él, y él será hijo para mí. Si hace mal, yo lo castigaré con vara de hombres y con azotes de hijos de hombres; pero no apartaré mi misericordia de él como la aparté de Saúl, a quien quité de delante de ti. Tu casa y tu reino permanecerán siempre delante de tu rostro, y tu trono será estable eternamente» (2 S 7.8-16).

En esa época no existía en Israel el concepto de la vida eterna de la persona como la conocemos hoy en día. Así pues, la manera de perpetuar la memoria de una persona era a través de su descendencia. Esta promesa de Jehová para la descendencia de David se convirtió no solamente en una promesa hecha personalmente a un rey, sino que fue también el origen de la esperanza de un Mesías, un ungido, un salvador que saldría de la casa de David para perpetuar la existencia del pueblo de Israel: «El espíritu de Jehová, el Señor, está sobre mí, porque me ha ungido Jehová. Me ha enviado a predicar buenas noticias a los pobres, a vendar a los quebrantados de corazón, a publicar libertad a los cautivos, y a los prisioneros...» (Is 61.1; Lc 4.18-19).

David responde a Jehová usando el lenguaje del corazón que se nota esparcido por todo el libro de Samuel: «¿Y qué más puede añadir David hablando contigo? Pues tú conoces a tu siervo, Señor Jehová. Todas estas grandezas has hecho por tu palabra y conforme a tu corazón, haciéndolas saber a tu siervo» (2 S 7.21). David pide la confirmación de esta promesa usando el mismo lenguaje para hablar de sí mismo: «...Tú Jehová de los ejércitos, Dios de Israel, has hecho esta revelación al oído de tu siervo, diciendo: "Yo te edificaré Casa". Por esto tu siervo ha hallado en su corazón valor para hacer delante de ti esta súplica» (2 S 7.27-8). Esta es una relación de corazón a corazón, muy diferente a la distancia de Saúl, que se refería a Jehová como tu Dios en sus conversaciones con Samuel.

La promesa de Dios —establecer una casa para David que perduraría para siempre—no finalizó completamente el conflicto exterior e interior en el reino de Israel. David tuvo que luchar por someter a Moab, Edom, Amón y Siria. También trata de actuar justamente con Mefi-boset, el hijo de su amigo Jonatán y nieto de Saúl. Todo está en orden: «reinó David sobre todo Israel, actuando con justicia y rectitud para con todo su pueblo» (2 S 8.15). Es en este momento de calma que surge la gran debilidad del rey David... la debilidad que destruiría la paz en su familia...

El rey David se queda en casa «en el tiempo que salen los reyes a la guerra» (1 S 11.1) y hace algo desagradable ante los ojos de Jehová. Lo más curioso es que David esté en Jerusalén cuando su ejército está luchando en el campo de batalla. El ocio crea espacio para el pecado, y David toma a Betsabé, esposa de Urías, su fiel comandante. El texto crea un contraste fuerte entre la rectitud de este guerrero y su rey. Cuando David trata de convencer a Urías para que visite a su mujer, éste responde: «El Arca, Israel y Judá habitan bajo tiendas; mi señor Joab y los siervos de mi señor en el campo; ¿cómo iba yo a entrar en mi casa para comer y beber, y dormir con mi mujer? ¡Por vida tuya y por vida de tu alma, nunca haré tal cosa!» (2 S 11.11). Urías emplea una referencia parecida a la que el mismo David usó en la escena donde le pregunta a Natán si debe construir una casa para Jehová: «Mira ahora, yo habito en casa de cedro, mientras que el Arca de Dios está entre cortinas» (2 S7.2), o sea que el Arca de Dios se encuentra en una situación precaria. Urías el heteo, un extranjero, es más fiel a Dios que David.

¿Cuál es el pecado de David? Ocio, adulterio, manipulación, mentira, asesinato... Este evento es una maraña de pecados grandes y pequeños, que al final la voz del profeta Natán trae a la luz. Natán le cuenta al rey una parábola que representa una injusticia parecida a la que David ha cometido (2 S 12,1-4). Es una estrategia muy astuta porque cuenta con el sentido de la justicia que todavía existe en el carácter de David:

Se encendió el furor de David violentamente contra aquel hombre y dijo a Natán: «¡Vive Jehová que es digno de muerte el que tal hizo! Debe pasar cuatro veces el valor de la cordera, por haber hecho semejante cosa y no mostrar misericordia». Entonces dijo Natán a David: «Tú eres ese hombre» (2 S 12.5-7).

La reacción inmediata de David es reconocer su pecado, y Natán responde: «Jehová ha perdonado tu pecado» (2 S 12.13). Así pues, la misericordia de Jehová es más grande que la del propio David. Según la ley, el castigo de David (y de Betsabé) debería ser la muerte (Lv 20.10). El rey no morirá, pero el impacto del pecado se hace sentir en la casa de David: «Yo haré que de tu misma casa se alce el mal contra ti» (2 S 12.11).

El mal se alza —muerte, violación, asesinato y un atentado contra el mismo David—por medio de sus propios hijos. Muere el primer hijo de David y Betsabé; Amnón hijo de David viola a su propia hermana Tamar; Absalón venga a su hermana matando a Amnón y luego se subleva contra el rey. Durante esta letanía de conflictos familiares, David sufría por amor a sus hijos: se arrojó al suelo y dejó de comer cuando enfermó el bebé de Betsabé, lloró la muerte de Amnón y llora la muerte de su hijo Absalón, quien casi le quita el reino...

5. David pierde y luego reconquista a Jerusalén: 2 S 13.1 -20.41

Los capítulos restantes del segundo libro de Samuel narran cómo peligró la promesa de Jehová hacia David en manos de su hijo predilecto. Absalón, el hijo de David, parece tener todas las cualidades de Saúl, el primer rey de Israel, pero en mayor escala. Dice el narrador:

«No había en todo Israel ninguno tan alabado por su hermosura como Absalón; desde la planta de su pie hasta la coronilla no había en él defecto. Cuando se cortaba el cabello, lo cual hacía al fin de cada año, pues le causaba molestia —por eso se lo cortaba— pesaba el cabello de su cabeza doscientos siclos, según el peso real (2 S 14.15-7).

Absalón usa tanto su belleza física como la manipulación para ganarse los corazones del pueblo de Israel. Interfiere en la administración de la justicia y se hace amigo de todos. Pone en duda la rectitud de su padre:

«Quién me pusiera por juez en el país, para que vinieran ante mí todos los que tienen pleito o negocio, y yo les haría justicia» (2 S 15.4).

Finalmente, el corazón del pueblo se vuelve hacia Absalón, y David tiene que abandonar Jerusalén para que no haya guerra civil. David deja atrás a diez de sus concubinas para cuidar sus propiedades y así se cumple la segunda parte de la profecía que anuncia Natán, cuando David pecó: «Tomaré a tus mujeres delante de tus ojos y las entregaré a tu prójimo, el cual se acostará con ellas a la luz del sol» (2 S 12.11). Tomar las concubinas del rey o del padre en el antiguo Medio Oriente era una manera en que un usurpador humillaba y le deseaba la muerte a su antecesor: era signo de regicidio. Además, tomar la esposa de su padre era una práctica prohibida por la Ley (Lev 18.8). Absalón escucha los malos consejos de los que le rodean:

«Ahitofel dijo a Absalón: Llégate a las concubinas de tu padre, que él dejó para guardar la casa. Todo el pueblo de Israel oirá que te has hecho aborrecible a tu padre, y así se fortalecerán las manos de todos los que están contigo. Entonces pusieron para Absalón una tienda sobre el terrado, y se llegó Absalón a las concubinas de su padre, ante los ojos de todo Israel» (2 S 16.21-22).

En la guerra civil que se desata entre Absalón y David, el hijo del rey muere por el objeto de su vanidad: su cabellera. Iba sentado en un mulo, y al pasar por las ramas de un árbol quedó colgado por su cabellera y los guerreros del ejército de su padre lo matan. Así se cumple la profecía de Natán...

6. David prepara el futuro de Israel: 2 S 21-24

David logra consolidar su poder después de la muerte de Absalón, eliminando a sus enemigos internos (los restos que quedaban de la casa de Saúl) y de sus enemigos externos (los filisteos). El poema puesto en boca de David en el capítulo 22 y 23 lo representa como un guerrero cooperando en una batalla cósmica con Jehová su Dios. No solamente su propio pueblo, sino todos los pueblos de la tierra se someterán al rey, por el poder de Jehová: «¡Viva Jehová!... el Dios que venga mis agravios y somete pueblos a mis plantas. El que me libera de enemigos, me exalta sobre los que se levantan contra mí y me libra del hombre violento» (2 S 22.47-49).

El último capítulo de Samuel contiene el relato del censo que David toma del pueblo de Dios. Tomar el censo es una medida necesaria para centralizar la administración y el culto en manos de la monarquía, pero en este relato existe una ambivalencia. Contar al pueblo de Dios equivale a tomar el control de las manos de Dios. Así vemos que David siente peso en su corazón y confiesa su pecado ante Jehová: «He pecado gravemente por haber hecho esto; pero ahora, oh Jehová, te ruego que quites el pecado de tu siervo, porque he actuado muy neciamente» (2 S 24.11). Jehová escucha a David, y le permite escoger su castigo entre tres cosas que afectan el bienestar propio y del pueblo: hambruna, persecución o plaga. Al ver el sufrimiento del pueblo atacado por la plaga, David madura y se convierte en pastor de su pueblo. Se sacrifica a sí mismo e intercede por ellos: «Yo pequé, yo hice lo malo, ¿qué hicieron estas ovejas? Te ruego que tu mano se vuelva contra mí y contra la casa de mi padre» (2 S 24.17).

Conclusión

«Jehová se ha buscado un hombre conforme a su corazón». Pero, ¿lo habrá encontrado? El libro de Samuel narra las transformaciones que sucedieron en Israel y en la vocación profética cuando el gobierno de los jueces se convirtió en una monarquía. La búsqueda de un rey conforme al corazón de Jehová termina con David y su casa; pero aún David «hace lo que es malo ante los ojos de Jehová». Así vemos que el papel del profeta como consejero y conciencia del rey es todavía lo que salva al pueblo de Israel de los excesos de la monarquía. Conformar el corazón a Jehová es un reto y un proceso y, como veremos en el libro de los Reyes, requiere un corazón honesto ante Dios.

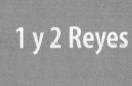

1 y 2 Reyes

*Jehová me prometió que cumplirá sus promesas
y que nunca faltará un descendiente mío
en el trono de Israel, siempre que mis hijos
se porten bien con él, y le sean leales de corazón.*
1 Reyes 2.4

Introducción

Un profeta ayuda tiernamente a una viuda necesitada; un rey manda a poner las cabezas de sus enemigos en las puertas de la ciudad; una reina viaja de un país lejano para observar la sabiduría de un rey... Los dos libros de los Reyes están repletos de escenas como éstas, y cada una traza un aspecto diferente de la relación entre el pueblo de Israel y Jehová su Dios. Desfilan reyes, profetas, sacerdotes, reinas, guerreros y también los pobres de la tierra —los anawim— cuyas vidas se entretejen en este relato de la fidelidad de Jehová hacia un pueblo que lo desconoce. Y si lo llega a conocer, fácilmente lo olvida.

En Israel se hace sentir la presión de los grandes imperios que luchan por conquistar el pequeño país. Se siente la presión de la sequía, la hambruna y la muerte. Se siente la presión de los dioses y diosas más atractivos de los pueblos vecinos. Frente a todas estas presiones el rey y su pueblo ceden a la tentación. Adoran a Baal, forman alianzas con otros pequeños países para protegerse de los grandes poderes, se olvidan de Jehová o mezclan su culto con imágenes o ritos tomados de otros dioses... Sin embargo, dentro de este rico tapiz hay un factor constante: Jehová sigue llamando a su pueblo a través de sus profetas.

1. El contexto bíblico de Reyes

El primer y el segundo libro de los Reyes son dos partes de la misma obra que, como vimos con el libro de Samuel, la Septuaginta divide en dos. De ahora en adelante, cuando no distinguimos entre ambas partes de la obra, nos referimos a ambos libros como «el libro de los Reyes» o sencillamente «Reyes».

El primer libro de Reyes relata la historia del apogeo de la monarquía israelita, llamada «la casa de David». Tristemente, parte del primero y todo el segundo libro de Reyes trazan la desintegración de la monarquía, una tragedia que la Biblia atribuye a la falta de fidelidad del pueblo y de sus gobernantes hacia Jehová su Dios.

El libro de los Reyes comienza con la lucha que se desató entre los hijos de David por la sucesión al trono. El rey David, el profeta Natán y Betsabé, la madre de Salomón, conspiran para que Adonías, el hijo mayor de David, no reine. David instruye a Salomón como su sucesor, animándole para que guarde la ley de Dios, y reiterando la promesa que Jehová le hizo: «Si tus hijos guardan mi camino andando delante de mí con verdad, de todo su corazón y de toda su alma, jamás te faltará un descendiente en el trono de Israel» (1 R 2.4).

2. Los personajes

El primer libro de Reyes comienza relatando la historia de la transición del reinado de David al de su hijo Salomón. El reino de David es una lucha constante. Luchó contra el rey Saúl al convertirse en su rival. Luchó para unificar las doce tribus y defender a los israelitas de la enemistad de los pueblos que le rodeaban. Tuvo que luchar para establecer la «ciudad de David», o sea Jerusalén, como su capital. E incluso tuvo que defenderse de la rebelión de su propio hijo Absalón. Al encontrase en un momento de relativa tranquilidad, David dispuso preguntarle a Jehová si ahora era el momento de construirle un templo. Como hemos visto, Dios responde: «Jehová te declara que Jehová te hará casa a ti. Cuando se cumplan tus días y reposes con tus padres, yo levantaré después de ti a un descendiente tuyo, el cual procederá de tus entrañas, y afirmaré su reino. El edificará una casa a mi nombre, y yo estableceré el trono de su reino para siempre» (2 S 7.11-14). Los papeles se invierten. En vez de que David le construya una casa a Jehová, Dios mismo va a establecer la «casa», o sea la dinastía de David, para que perdure para siempre.

El reino de David se hace legítimo por la palabra, la promesa y la obra de Dios mismo, y no por la construcción de un templo. Este tema sale a relucir de nuevo al principio de Reyes, cuando se cumple la instalación de Salomón como sucesor de David, y Salomón construye el primer templo para Jehová en Jerusalén. Más tarde, con la destrucción total de los reinos de Israel y Judá, el pueblo comenzó a comprender que el reino eterno de la casa de David se manifestaría en la persona del Mesías, el ungido, el salvador de Israel.

Esa escena del segundo libro de Samuel también introduce a Natán, el profeta que jugará un papel importante en el primer libro de Reyes. Natán interviene varias veces durante el reino de David, y usa su influencia para asegurar el ascenso de Salomón al trono de la casa de David. Su papel de profeta incluía aconsejar al rey, como hemos visto en el ejemplo previo, pero también abarcaba señalar los defectos y los pecados de David.

El profeta Natán cumple varias de las funciones por la que se destacaban los profetas de Jehová. Estos transmitían los mensajes de Dios y cuidaban la conciencia moral del rey y de su pueblo.

Otra persona que juega un papel importante en la ascensión de Salomón, hijo de David, al trono de Israel es Betsabé, la mujer de Urías, quien se convierte en la esposa de David: «David consoló a Betsabé su mujer. Y fue a ella y se acostó con ella. Ella dio a luz un hijo, y llamó su nombre Salomón. Jehová amaba al niño, y envió un mensaje por medio del profeta Natán, quien llamó su nombre Yedidías, a causa de Jehová» (2 S 12.24-25). El texto no indica el contenido del mensaje, pero los nombres del niño sí indican su significado. Salomón quiere decir «paz» y Yededías «amado de Jehová».

3. El mundo social del libro de Reyes

El pueblo de Israel vivió siglo tras siglo cultivando tierras que apenas le permitían sobrevivir, o sea que era una agricultura de subsistencia. La pobre calidad de la tierra, las colinas rocosas y la incertidumbre que creaba el no tener una fuente fiable de agua forzaban al pueblo a trabajar largas horas. Éste desarrolló la tecnología o las habilidades que le permitían aprovechar al máximo sus difíciles circunstancias.

Para sobrevivir en condiciones tan difíciles, el pueblo se organizó en unidades familiares que incluían varias generaciones. Esta «casa» o grupo familiar formaba una unidad biológica y económica que reunía los recursos y las capacidades de sus miembros para el bien de todos. Los cultivos básicos eran los granos (trigo y cebada) para confeccionar pan, olivos para el aceite y uvas para hacer vino. Estos cultivos eran tan importantes que el pueblo les consideraba una bendición y la prueba de que la presencia de Dios estaba con ellos: «Y sucederá en aquel día, dice Jehová, que responderé a los cielos, y ellos responderán a la tierra. La tierra responderá al trigo, al vino y al aceite...» (Os 2.21-22). A estos cultivos se sumaba el producto de pequeños huertos y animales como las ovejas, cabras y vacas. En el norte, las poblaciones alrededor del lago de Genesaret consumían pescado.

Hombres y mujeres trabajaban largas horas en los campos para sobrevivir las difíciles condiciones ambientales. Las labores estaban distribuidas según las capacidades de cada persona. A los hombres les tocaban los trabajos pesados del cultivo y la defensa de su territorio. Las mujeres mantenían los cultivos que se encontraban cerca de casa, elaboraban vestiduras y educaban a los hijos pequeños que todavía permanecían en casa. El salmo 39 describe esta vida difícil y precaria: «Hazme saber, oh Jehová, mi final, y cuál sea la medida de mis días. Sepa yo cuán pasajero soy. He aquí, has hecho que mis días sean breves; mi existencia es como nada delante de ti» (39.4-5).

4. Estructura del libro de Reyes

En este bosquejo del libro de los Reyes notamos el apogeo del reino unido y su desintegración al dividirse entre el Reino del Norte, llamado Israel y el del Sur, llamado Judá. Intercaladas entre las historias de una sucesión de reyes del norte y del sur están las historias de Elías y Eliseo, dos profetas que retaron a los reyes para que se convirtieran y volvieran a adorar a Jehová. Luego, la estructura del libro podría bosquejarse como sigue:

1. Primer libro de reyes: El reinado de Salomón: 1 R 1-11
2. Historia paralela de los reinos de Israel y Judá: 1 R 12-17
3. Dos profetas desafían a los reyes de Israel y Judá: Elías y Eliseo: historias intercaladas en varios lugares de las secciones 2 y 4: 1 R 17-2 R 8
4. Historia de Judá después de la destrucción de Israel: 2 R18.1-25

5. ¿Por qué leer los libros de los Reyes hoy en día?

Al leer 1 y 2 Reyes, estos libros nos pueden parecer una árida historia repetitiva y aburrida de eventos que sucedieron en un pasado lejano. La trágica repetición de la fórmula «hizo lo malo ante los ojos de Jehová y anduvo en el camino de Jeroboam y en sus pecados con los que hizo pecar a Israel» (1 R 15.34) puede parecernos un testimonio demasiado negativo. Sin embargo, el texto también revela la profunda fidelidad y misericordia de Jehová frente a la deslealtad del pueblo y de sus dirigentes. Reyes revela a un Dios que constantemente desafía a su pueblo por medio de los profetas y los eventos de la historia para entablar una relación exclusiva con ellos.

El libro de los Reyes aborda muchos temas que también forman parte de la realidad de los pueblos hispanos: marginalidad, pobreza, inmigración, mestizaje, solidaridad y la importancia de la familia en la vida religiosa. A pesar de que este libro se intitula «Reyes», no se trata de la vida del pueblo de Israel vista solamente a través de la perspectiva de sus gobernantes, ni de la clase «alta». Más bien es una crítica de las actividades y la infidelidad religiosa de la familia real que impacta sobre la vida diaria del pueblo en general. Entretejidos en estas historias hay retratos de la vida de personas pobres, marginadas, extranjeras; y frecuentemente son éstas quienes dan testimonio del Dios de Israel cuando Israel ha desechado a su Dios. Existen también rasgos de solidaridad —por ejemplo, las comunidades de profetas que vivían juntos y compartían la palabra de Dios y su vivienda también (2 R 6.1-7). Pero sin duda alguna, son los profetas —con su denuncia de la apostasía y la denuncia de la injusticia ligada a la acción— quienes encarnan la esperanza que anhelan los pueblos latinos.

Estos libros también tienen una importancia clave para comprender el Nuevo Testamento porque estos reyes y profetas son los antepasados de Jesús en la carne y en la fe. A través de estos libros, también logramos comprender un poco las vocaciones de profeta, sacerdote y rey, que manifiestan sus diferentes dimensiones a lo largo de la vida de Jesús.

Comentario

1. Primer libro de Reyes: El reinado de Salomón: 1 R 1-11

1 Reyes 1-11 representa al reinado de Salomón, hijo de David, el más sabio y próspero de los reyes en la historia de Israel. El reinado de Salomón es un rico tapiz, muy colorido y ejecutado con mucha habilidad, pero que al darle vuelta expone hilos rotos y áreas en que el material bello y costoso comienza a podrirse. El lado derecho del tapiz representa el esplendor de Salomón, el joven rey que en quien se cumple la promesa de Jehová a David. Salomón hijo de David construye el primer templo dedicado a Jehová, recibe el don de la sabiduría para gobernar al pueblo y adora con mucha generosidad al Dios de su padre. Sin embargo, también se nota el comienzo de la desintegración del reino del joven rey. Trata injustamente a sus enemigos, hasta el punto de derramar su sangre cruelmente (1 R 2.23-25; 2.28-33); impone duros trabajos y penurias al pueblo para poder llevar a cabo su gran obra de construcción (1 R 6-7); y finalmente permite que sus esposas importen el culto de dioses extranjeros, profanando de esta manera el país que Jehová le había concedido como herencia (1 R.1-6). Aunque Salomón representa la cumbre del esplendor de la casa de David, también expone la falla trágica que se manifestará en la gran mayoría de los reyes de Israel y Judá—no se portan bien con Jehová y sus corazones son desleales.

Como veremos, aunque las mujeres ocupaban una posición inferior en la sociedad de Israel, en 1 y 2 Reyes a menudo contribuyen al desarrollo de la trama por su influencia sobre el Rey. Reyes emplea un estereotipo de la mujer que se encuentra a menudo en la literatura denominada «de sabiduría». En esta clase de literatura, existen dos tipos de mujeres: la sabiduría encarnada y la mujer extraña o extranjera que representa la necedad. El libro de Proverbios presenta este contraste:

«Cuando la sabiduría penetre en tu corazón y el conocimiento sea grato a tu alma, la discreción te guardará y te preservará la inteligencia para librarte del mal camino... Serás así librado de la mujer ajena, de la extraña que halaga con sus palabras, que abandona al compañero de su juventud y se olvida de su pacto con Dios» (Prov 2. 10-12, 16-17).

Como veremos, la sabiduría del rey Salomón es probada por estos dos tipos de mujeres al principio y en el apogeo de su reino. Pero la influencia más trágica para Israel es la que ejercen las esposas extranjeras de Salomón sobre el corazón del rey.

Los primeros dos capítulos del primer libro de Reyes representan la transición o el traspaso del reino de David a su hijo Salomón. Éstos subrayan el papel que juega Jehová para asegurar el traspaso del poder, al escoger al hijo menor (Salomón) y no al mayor (Adonías), un patrón que recurre en el caso de los patriarcas (Esaú y Jacob) y en la historia de la elección del mismo David (1 S). Jehová se vale de las acciones de un profeta (Natán) y de una madre (Betsabé) para colocar a su escogido en el trono. A pesar de la vejez de David, y a pesar de que no es el primogénito, Salomón asciende al trono, demostrando una vez más que Jehová es el que elige al rey, y no la costumbre social.

El contraste entre el David representado en el segundo libro de Samuel y el que se encuentra en el primer libro de Reyes no podría ser más grande. David, el guerrero amado y elegido por Dios, ahora se encuentra en plena decadencia. Con la vejez, la mente, el cuerpo y la voluntad ya no le permitían a David a controlar ni a su familia, ni el reino que supuestamente gobernaba. Tomando ventaja de esta situación, Adonías, su hijo mayor, trató de apoderarse del trono, seleccionando a los servidores de David que lo apoyaban para que le proclamasen rey. Adonías sigue el patrón de los gobernantes que Jehová rechaza para gobernar al pueblo de Israel. Es rebelde porque «En todos sus días su padre nunca lo había reprendido diciéndole: ¿Por qué haces esto?» (1 R 1.6). Y, como el rey Saúl, era de muy «hermoso parecer», pero no era apto para gobernar (1 S 10.20-4; 1 R 1.6).

Inmediatamente entran en acción el profeta Natán y Betsabé la madre de Salomón. Ambos se presentan ante David, exhortándole a que reconozca a Salomón como su sucesor, cumpliendo de esta manera la voluntad de Jehová y la promesa que David le había hecho a Betsabé al nacer el niño (1 R 1.30). David reconoce públicamente a Salomón como su sucesor al mandar a un profeta y a un sacerdote para que lo unjan.

«Tomad con vosotros a los siervos de vuestro señor, montad a mi hijo Salomón en mi mula y llevadlo a Gihón. Allí lo ungirán el sacerdote Sadoc y el profeta Natán como rey sobre Israel; vosotros tocaréis la trompeta y gritaréis: "¡Viva el Rey Salomón!". Después iréis detrás de él, y vendrá a sentarse sobre mi trono y reinará en mi lugar, porque lo he escogido para que sea príncipe de Israel y de Judá» (1 R 1.33-35).

Reyes traza un agudo contraste entre las ceremonias de entronización de Adonías y Salomón, recalcando de esta manera la legitimación de Jehová del reino de Salomón. Adonías se hace entronizar por su propia cuenta y a espaldas de su padre, un gesto de rebeldía que equivale al parricidio. Aunque recibe el apoyo de un sacerdote (Abiatar) y un guerrero (Joab), brilla por su ausencia el apoyo moral y religioso de un «hombre de Dios» o profeta. Su ceremonia no incluye la unción (como las de Saúl y David, sus antecesores), signo de la elección de Jehová; y aunque manda matar ovejas, vacas y animales cebados (1 R 1.9), éstos no son para rendirle culto a Jehová, sino para convidar a sus amigos. La entronización de Adonías es un evento «secular», sin una ceremonia religiosa.

La ceremonia de entronización de Salomón, por lo contrario, incluye todos los elementos que señalan al pueblo que éste es el elegido. Entre sus aliados están un sacerdote (Sadoc), un profeta (Natán) y un guerrero, siervo de David (Benanía). La ceremonia ocurre en Gihón, frente al Tabernáculo de Jehová, de donde el sacerdote toma el aceite para ungirlo. Todo el pueblo reconoce la legitimidad de Salomón, incluyendo su propio padre, quien se postra en su lecho de inválido: «El rey adoró en la cama, y ha dicho además así: "Bendito sea Jehová, Dios de Israel, que ha dado hoy quien se siente en mi trono, y lo vean mis ojos"» (1 R 1.47-8). La entronización de Salomón está íntimamente ligada al culto de Jehová y a la dinastía de David.

La transición de David a Salomón finalmente se cumple con la muerte del David. En una escena típica de la literatura bíblica, el viejo rey le entrega su «testamento» a su hijo, encargándole la promesa clave que Jehová había hecho a la casa de David: cumplir la ley de Moisés y sus preceptos para que «confirme Jehová la promesa que me hizo diciendo: "Si tus hijos guardan mi camino andando delante de mí con verdad, de todo su corazón y de toda su alma, jamás te faltará un descendiente en el trono de Israel"» (1 R 2.4). Esta escena también incluye instrucciones para que Salomón haga justicia a los amigos y enemigos de David. Salomón lleva a cabo las órdenes de su padre, incluyendo además la ejecución de Adonías, su propio hermano, quien se atreve a retar el poder del rey, pidiéndole la última concubina (Abisag) de su padre. El narrador cierra la etapa de la transición entre los dos reinos con el comentario: «Y el reino fue confirmado en manos de Salomón» (1 R 2.46).

1.1. El sueño de Salomón: «Pide lo que quieras que yo te dé»: 1 R 3.1-15

El joven rey Salomón reúne en su persona todas las cualidades para ser un buen gobernante: sabiduría, celo por la adoración de Jehová y el deseo de construirle un templo. Salomón tiene muchos defectos, entre ellos el de ser severo con sus enemigos —mata a los que se opusieron a su reinado— y el de empobrecer a su pueblo para edificar grandes obras de construcción pública. Pero un defecto trágico lo traiciona: su corazón se deja llevar hacia la adoración de otros dioses (junto con el culto a Jehová), y el resultado es la injusticia social y la fragmentación del reino en manos de su hijo.

Después de la muerte de David, Reyes realza la personalidad propia de Salomón y su relación con Dios. En la Biblia los sueños frecuentemente abren los horizontes de una persona hacia una visión que trasciende la vida cotidiana. Los sueños afirman o confirman el significado o la misión que Dios le da a la vida de una persona. También sirven para corregir a la persona o invitarla a cambiar sus actitudes o sus obras. Los sueños revelan las aspiraciones de Dios para su pueblo, y es por medio de la cooperación de la persona que sueña que Dios actúa en la historia.

Uno de los sueños más célebres en la Biblia es el que sucede al comienzo del reino del joven Salomón, cuando éste ya había asegurado su control sobre el trono. Eliminó a sus enemigos al interior del país y aplacó a sus enemigos externos al contraer matrimonio con una de las hijas del Faraón de Egipto, asegurando así una buena relación con uno de los imperios más poderosos de su época. Sin embargo, el rey no atribuye la paz en el país a sus propias acciones, sino a la mano de Jehová: «Jehová mi Dios me ha dado paz por todas partes, pues no hay adversarios ni males que temer» (1 R 5.4).

Hasta este momento, el joven rey había llevado a cabo las órdenes de su padre anciano y había escuchado los deseos de su madre. Su vida había sido arrastrada por la presión de asegurar su trono. El sueño cambia esta dinámica. Vemos a Salomón por primera vez entablando su propia relación personal con Jehová. Por medio del sueño, Dios le da al joven un don o regalo que le marcaría personalmente, afirmando o confirmando su vocación como rey de Israel y descendiente de David, realizando en carne propia la promesa que Jehová le había hecho a su padre: «nunca faltará un descendiente mío en el trono de Israel» (1 R 2.4).

Salomón toma la iniciativa al acercarse y ofrecerle sacrificios abundantes a Jehová. El relato del sueño comienza y termina con un holocausto que Salomón ofrece a Jehová en dos lugares distintos. El primero se lleva a cabo en Gabaón, un antiguo «lugar alto», o sea una antigua cima en la cual la gente cananea del lugar había ofrecido sacrificios a Baal (Jos 9 y 2 S 21.2). Pero en este momento Gabaón es un «lugar alto» dedicado a Jehová. El narrador nos dice que «Salomón ofreció mil holocaustos sobre aquel altar» (1 R 3.4), una cantidad de sacrificios que expresa la lealtad y el amor del joven rey hacia Jehová. El narrador no nos dice qué motivó a Salomón a ofrecer sacrificios en Gabaón; sin embargo, aunque el lugar había sido dedicado al culto de Baal, Jehová se le aparece a Salomón por la noche en un sueño y dice: «Pide lo que quieras que yo te dé» (1 R 3.5). Dios responde a la iniciativa y muestra su apertura a los deseos del joven rey.

Como veremos más adelante, el relato del sueño concluye con otro sacrificio (1 R 3.15). Esta vez, Salomón ofrece «holocaustos y sacrificios de paz» frente al arca que simbolizaba la alianza que Jehová había hecho con el pueblo de Israel cuando atravesaba el desierto de Sinaí después de que Dios les había liberado de la esclavitud en Egipto. El arca también simbolizaba la presencia de Jehová con el pueblo durante la conquista de la tierra prometida y en sus batallas contra las invasiones de otros pueblos (2 S 6.17-18). Así vemos a Salomón ofreciendo sacrificios a Jehová en Jerusalén, que se convertiría en el lugar «oficial» en donde reposaría el arca y que, según la ideología de los redactores deuteronomistas de Reyes, sería el único lugar donde se celebraría el «verdadero» culto a Jehová. En este breve relato entrevemos el conflicto entre el baalismo y la fe en Jehová, que será uno de los temas claves en el libro de los Reyes.

La respuesta de Salomón a Jehová es un retrato de la relación íntima entre Dios y la casa de David. Salomón describe la fidelidad mutua que es la base de la relación de la casa de David y sus descendientes con Jehová: «Tú has mostrado gran misericordia a tu siervo David, mi padre, porque él anduvo delante de ti con fidelidad, con justicia y con rectitud de corazón para contigo. Tú le has conservado esta gran misericordia y le has dado un hijo que se siente en su trono, como en este día» (1 R 3.6). Sin embargo, los reyes no siempre perseveraban en su fidelidad hacia Jehová. La fidelidad, la justicia y la rectitud hacia Jehová se explican ampliamente en la Biblia. No se limitan solamente a no ofrecer culto a otros dioses, sino que también incluyen, como lo describiría más tarde el profeta Miqueas, «hacer justicia, amar con ternura y caminar humildemente detrás de Dios» (Miq 6.8).

«Mi padre... anduvo delante de ti con fidelidad, con justicia...». Esta frase es sorprendente, porque las acciones de David representadas en el segundo libro de Samuel no siempre fueron «justas». Los redactores del libro de Samuel indican dos acciones desleales de David: (1) mató a Urías para apoderarse de su esposa Betsabé, la madre de Salomón (2 S 11.3-12.9); y (2) tomó un censo de la población de Israel (2 S 24.10). Esta última acción fue una ofensa por varias razones teológicas y prácticas. Jehová le prometió a Abraham una descendencia que sería como el polvo de la tierra (Gen 13.16), tan numerosa que «por su multitud no se puede contar ni se puede numerar» (1 R 3.8). Enumerar al pueblo violaba una prerrogativa de Dios. Contar el pueblo también contribuía a la injusticia social porque los reyes empleaban los censos para imponer impuestos y reunir hombres para sus ejércitos. A pesar de estos pecados, en la Biblia David es considerado uno de los reyes más fieles a Jehová porque reconocía con prontitud sus pecados.

Después de referirse a la relación de su familia con Dios, Salomón revela su propia necesidad. «Y ahora, oh Jehová, Dios mío, tú has constituido a tu siervo rey en lugar de mi padre David, a pesar de que yo soy muy joven y no sé cómo salir ni entrar» (1 R 3.7). En este momento de su vida Salomón tiene aproximadamente veinte años. Sin embargo, usa la palabra hebrea *naar*, que también quiere decir «niño pequeño», probablemente para manifestar su humildad ante Dios. Más aún, el emplear la palabra *naar* también puede indicar que necesita madurez para realmente asumir su vocación de rey. Al decir «no sé como salir ni entrar» Salomón describe a un niño pequeño que todavía no puede salir de su casa sin la ayuda de un adulto, o sea que no se ha integrado a la sociedad adulta que existe más allá de los límites de su círculo familiar. Sin embargo, en este preciso momento, Salomón ha sido llamado a gobernar el pueblo de Jehová: «Tu siervo está en medio de tu pueblo al cual escogiste; un pueblo tan numeroso que por su multitud no se puede contar ni se puede numerar»

(1 R 3.8). Salomón necesita madurez para atravesar el umbral de la vida privada, familiar, hacia la vida pública de su pueblo.

Al encontrarse frente a este desafío, Salomón le pide a Jehová la madurez que necesita, y que describe como tres capacidades: escuchar, juzgar y discernir. Un corazón que escucha es el fundamento para las otras dos: «Da, pues, a tu siervo un corazón que sepa escuchar, para juzgar a tu pueblo, y para discernir entre lo bueno y lo malo. Porque, ¿quién podrá gobernar a este tu pueblo tan grande?» (1 R 3.9). Como vimos en el libro de Samuel, en la Biblia el corazón no incluye solamente los sentimientos de la persona, sino también la memoria, el entendimiento y el razonamiento. Por lo tanto, un corazón sabio «escucha» la palabra de Jehová con el firme propósito de recibir y obedecer sus mandamientos.

En el libro de Deuteronomio el mandamiento que Moisés le entrega al pueblo antes de entrar en la tierra prometida enfatiza el «escuchar» como una actitud fundamental para la relación del pueblo de Israel con Dios:

«Escucha, Israel: Jehová nuestro Dios, Jehová uno es. Y amarás a Jehová tu Dios con todo tu corazón, con toda tu alma y con todas tus fuerzas. "Estas palabras que yo te mando estarán en tu corazón. Las repetirás a tus hijos y hablarás de ellas sentado en casa o andando por el camino, cuando te acuestes y cuando te levantes. Las atarás a tu mano como señal, y estarán como frontales entre tus ojos. Las escribirás en los postes de tu casa y en las puertas de tus ciudades"» (Dt 6.4-9).

Cuando Salomón pide un «corazón que escucha» se apropia esta tradición para sí mismo y para beneficio de su pueblo.

A Jehová le agrada esta petición y su respuesta nos ayuda a definir más precisamente el don que Salomón pide:

«Porque has pedido esto, y no has pedido para ti muchos años, ni has pedido para ti riquezas, ni has pedido la vida de tus enemigos, sino que has pedido para ti discernimiento para administrar justicia, he aquí que yo haré conforme a tus palabras. He aquí que yo te daré un corazón sabio y entendido, tal que no ha habido antes de ti otro como tú, ni después de ti se levantará otro como tú» (1 R 3.11-12).

La frase que emplea Jehová, «discernimiento para administrar justicia» es literalmente «discernir para escuchar con rectitud o justicia». Esto nos dice para qué necesita Salomón este don. La frase que sigue describe las cualidades del corazón que lleva a cabo esta tarea: «un corazón sabio y entendido». La palabra «entendido» abarca la idea de un corazón inteligente, discreto, que comprende y discierne, o sea la cualidad de la agudeza intelectual. «Sabio» es un adjetivo que describe la capacidad de aplicar el entendimiento de una manera práctica en asuntos administrativos. Así vemos cómo el corazón que pide Salomón abarca sus cualidades personales, su relación con Dios y su capacidad para administrar e impartir justicia al pueblo de Dios.

Jehová le da a Salomón no solamente lo que pide, sino también lo que no pidió: riquezas, honor y larga vida. Según la forma de pensar de esa época, estas tres cosas manifestaban la bendición que Dios derramaba sobre una persona. No es hasta cinco o seis siglos más tarde, después que el pueblo de Israel sufre la desgracia del Exilio, que comprende que cuando estos beneficios faltan —las riquezas, el honor y larga vida— no es necesariamente una señal de que Dios ha abandonado a la persona. Más bien, Dios protege al desamparado: «El que oprime al pobre afrenta a su Hacedor, pero lo honra el que tiene misericordia del pobre» (Pr. 15.31). La respuesta de Jehová es generosa, pero condicional: el rey tiene que perseverar en su relación con Dios para que éste derrame sus bendiciones sobre él. «Si andas en mis caminos, guardando mis leyes y mis mandamientos, como anduvo tu padre David, yo prolongaré tus días» (1 R 3.14).

Como veremos más adelante, 1 y 2 Reyes utilizan a varias mujeres marginadas en la sociedad de Israel para manifestar este don que Jehová le da a Salomón. Dos de ellas son prostitutas, marginadas porque sus vidas y su sexualidad no pertenecen a ningún hombre en particular. Ellas simbolizan el desorden en la sociedad. Otra mujer, una reina extranjera, viene a observar y verificar tanto el discernimiento como la habilidad para gobernar del joven rey, como la abundancia de sus bienes. La observación y el juicio de la reina sitúan al reino de Salomón en un contexto global.

1.2. Partir un niño en dos: Salomón muestra su sabiduría: 1 R 3.16-28

Inmediatamente después del sueño de Salomón, dos mujeres ponen a prueba la sabiduría del joven rey. Este es un pasaje que demuestra la aplicación práctica del discernimiento, y el impacto que tiene sobre el pueblo que gobierna Salomón: «Todo Israel se enteró de la sentencia que había dado el rey, y tuvieron temor al rey, porque vieron que en él había sabiduría de Dios para administrar justicia» (1 R 16.28). El texto usa a dos personas marginadas —dos prostitutas— y no a personas aceptadas en la sociedad para enfatizar la sabiduría de Salomón.

En la Biblia existe una actitud ambivalente hacia las prostitutas. El texto bíblico representa dos tipos generales de prostitución: la prostitución por necesidad y la prostitución «sagrada», asociada con el culto a otros dioses. Generalmente las prostitutas por necesidad eran mujeres cuyas vidas no estaban bajo el control de un hombre —un padre, esposo o hijo— y por lo tanto ocupaban un lugar al margen de la sociedad. Por lo general, vivían en las áreas urbanas, porque para vivir en áreas rurales, donde predominaba el cultivo y el pastoreo, se necesitaba el apoyo de una familia grande. Las prostitutas vivían al margen de los clanes o las redes familiares, y en una sociedad organizada bajo el sistema patriarcal, sus hijos a menudo no heredaban bienes y tierras aunque sus padres fueran conocidos. Este es el caso, por ejemplo, de Jefté el gaaladita en el libro de los Jueces: «Jefté... era hijo de ramera y de un hombre llamado Galaad. Pero también la mujer de Galaad le dio hijos, los cuales, cuando crecieron echaron fuera a Jefté diciendo: "No heredarás en la casa de nuestro padre, porque eres hijo de otra mujer"» (Jueces 11.1-3). Muchas prostitutas proveían hospedaje a los viajeros y la prostitución formaba una parte «normal» de estos servicios. En el libro de Josué (Jos 2 y 6), por ejemplo, vemos a Rahab, una prostituta que ayuda a los israelitas a conquistar a Jericó.

También existe una polémica en la Biblia contra la prostitución sagrada, o sea la prostitución ligada al culto a Baal. Se cree que existía entre los cananeos un rito de fertilidad en el cual las mujeres tenían que tener relaciones sexuales con desconocidos para asegurar la fertilidad de la tierra y la naturaleza. Esta prostitución «sagrada» es el trasfondo histórico del libro de Oseas, que critica el sincretismo, o sea la mezcla del baalismo con el culto a Jehová, durante la época de los reyes representados en 1 y 2 Reyes. Las prostitutas que se presentan ante Salomón probablemente no pertenecían a esta categoría.

1 Reyes 3.16-28 relata la historia de dos mujeres anónimas, cuyos orígenes, nombres y lazos familiares son desconocidos. En este relato, las dos prostitutas compartían una casa (según el Targum, la versión

aramea de la Biblia, tenían un hospedaje para viajeros) y ambas tuvieron hijos. Una de ellas mata a su bebé al voltearse sobre él durante la noche. Esta cambia a su hijo muerto por el hijo vivo de su compañera, pero la otra mujer se da cuenta del engaño. Ambas mujeres aparecen ante el rey Salomón para reclamar el niño vivo.

Estereotipar a alguien es formarse una idea fija, clasificar a una persona de tal manera que no se tome en cuenta la individualidad del ser humano, ni su situación social, ni lo que motiva sus acciones. En esta historia de las dos mujeres, el texto bíblico usa el estereotipo de la mujer buena y la mujer mala para ilustrar la sabiduría de Salomón. El texto presenta dos mujeres anónimas y marginadas, sin nombre ni origen. Ellas comparten las mismas circunstancias, pero son completamente opuestas en su carácter. Para una el hijo es un objeto que no tiene mucho valor. Por su descuido muere el hijo que parió, y su actitud se nota en su reacción a la solución del rey: hay que partir el hijo vivo para dividirlo entre ellas. Dice: «No será ni para mí ni para ti. Partidlo» (1 R 3. 26).

Para la otra el hijo es algo o alguien de gran valor. Ella se preocupa por amamantarlo, y así descubre que el niño muerto no es de ella. Al escuchar la solución del rey, el narrador dice que «sus entrañas se calentaron», o sea que sintió compasión. (La palabra *raham*, traducida como «entrañas» o «útero», es la raíz de la palabra hebrea que significa «amor». Más tarde, los profetas usarían esta imagen para representar la compasión de Dios hacia su pueblo). Ella responde: «¡Ay, señor mío! Dad a ésta el niño vivo; no lo matéis» (1 R 3.26).

Salomón soluciona el dilema al crear una situación en la que la capacidad de amar es una señal de la maternidad más importante que la descendencia biológica. Al final de esta escena, el narrador dice que el pueblo de Israel escuchó la sentencia o el juicio de Salomón y «temieron ante el rey, pues vieron que la sabiduría de Dios estaba en su interior, para hacer justicia» (1 R 3.28, traducción literal). Este episodio es un «testimonio» de que la promesa de Jehová a Salomón fue concedida: es una característica «interior», o sea del corazón de Salomón, que es de origen divino. La sabiduría de Salomón viene de Dios.

Más adelante veremos a Salomón probado por otra mujer, la reina de Saba, quien visita a Salomón para comprobar su sabiduría y la prosperidad de su reino (1 R 10.1-13). Mientras tanto, el texto describe la administración de Salomón (1 R 4.1-5.9); la preparación para la construcción del templo de Jehová, que incluye la organización del trabajo forzado y la búsqueda de materiales (1 R 5.10-18); la construcción del templo (1 R.6.1-9.9); la construcción del palacio de Salomón y otras obras públicas (1 R 9.10-25). En estos pasajes se nota la gran prosperidad que Jehová prometió a Salomón, manifestada en la cantidad de bienes que éste recaudaba para mantener su corte y en la riqueza del templo que construyó el hijo de David. Pero al mismo tiempo, estas grandes obras se realizan por medio del trabajo forzado del pueblo, un recuerdo de la esclavitud que sufrió en Egipto. Crece la injusticia social y el pueblo empobrecido pierde sus tierras.

1.3. La construcción del templo: 1 R 6.1-9.9

En el Medio Oriente antiguo construir un templo para el dios del pueblo era señal del triunfo del rey y del dios sobre la oposición a su dominio. El relato de la construcción del templo en Jerusalén sigue el patrón de las historias de la construcción de templos en el oriente antiguo: (1) el rey recauda los materiales, incluyendo los esclavos o los obreros necesarios; (2) se construye el edificio; (3) el edificio y su contenido son decorados con esmero; (4) el rey dedica o consagra el templo al dios por medio de oraciones y sacrificios. El esplendor del edificio y de las ceremonias y sacrificios indicaba la importancia del dios, y por lo tanto, la del rey.

Según Reyes, la construcción del templo en Jerusalén duró siete años, y el edificio fue semejante a los templos de los cananeos y fenicios. Fue edificado en tres partes —el pórtico o atrio, el santuario o lugar santo y el santísimo o el lugar donde reposaba el Arca—, cada parte más santa que la anterior. En otras palabras, cada paso hacia el interior del templo separaba lo sagrado de lo profano. El templo estaba orientado hacia el este, o sea hacia donde se levanta el sol. La descripción de la decoración del templo incluye elementos que se encontraban comúnmente en el Oriente antiguo: los querubines, los lirios, las palmeras, leones, bueyes y otros detalles artísticos. Este lujo de detalle es transmitido por el texto bíblico desde el punto de vista de los redactores, que habían vivido la destrucción del templo y el exilio. Es decir, los autores entretejieron tradiciones antiguas sobre la construcción del templo con su propio punto de vista deuteronomista.

A pesar de las semejanzas con la arquitectura sagrada del Medio Oriente antiguo, la construcción del templo es una expresión indudable de la fe en Jehová. El texto no describe la creación de una representación de Jehová (un ídolo o una estatua), tal y como lo prohibía la ley de los Israelitas. Más aún, un oráculo de Jehová ocupa un lugar central en el relato de la construcción del templo. Éste recalca la idea de que el esplendor de la construcción no tiene ningún valor sin la fidelidad del pueblo y del rey hacia Jehová:

Entonces vino la palabra de Jehová a Salomón, diciendo: «Respecto a este templo que tú edificas, si caminas en mis estatutos, y pones por obra mis decretos, y guardas todos mis mandamientos andando de acuerdo con ellos, yo cumpliré contigo mi palabra que hablé a tu padre David: Habitaré en medio de los hijos de Israel, y no abandonaré a mi pueblo Israel» (1 R 6.11-13).

Como veremos en la siguiente sección, al concluir la dedicación del templo Jehová responde a la oración de Salomón con un oráculo condicional semejante al que acabamos de citar.

1.4. Dedicación del templo a Jehová: Oración de Salomón y respuesta de Jehová: 1 R 8.1-9.11

El momento cumbre del reino de Salomón es la dedicación del templo que construyó para glorificar a Jehová. Al inicio del reino de Salomón, Jehová se le aparece en un sueño en el lugar alto llamado Gabaón; y al terminar la construcción y dedicación del templo, se aparece de nuevo ante Salomón para confirmar su fidelidad a la promesa hecha a David y a sus descendientes.

En un estilo típico de libros escritos en la antigüedad, los deuteronomistas componen un discurso que expone la teología de este grupo que compilaba y redactaba material histórico del pueblo de Israel desde el punto de vista del Exilio o Destierro. Estos historiadores le atribuían su punto de vista a un personaje importante, como Salomón, en un momento clave de la historia del pueblo. Este es el caso que vemos aquí en el relato de la dedicación del templo. La ceremonia de la dedicación es similar a la de la dedicación de templos en el Oriente antiguo, y por lo tanto hay un fundamento histórico para los eventos. Sin embargo, los redactores de Reyes aprovechan el momento para subrayar una inquietud teológica: ¿Cómo podían reconciliar la destrucción del templo y la desaparición de la monarquía con la promesa que Dios había hecho a David? «Jehová me prometió que cumplirá sus promesas y que nunca faltará un descendiente mío en el trono de Israel» (1 R 2.4). En el discurso de Salomón encontramos cumplimiento de esta promesa y en la respuesta de Jehová la condición para que perdure.

La ceremonia de la dedicación del templo se lleva a cabo durante el séptimo mes, Efaním, «durante la fiesta solemne» que probablemente es Rosh Hoshanna, o sea el Festival del Año Nuevo. Salomón había retardado la dedicación once meses después de que la construcción del templo había terminado para coincidir con este importante festival que recordaba la alianza que Dios había hecho con su pueblo. La dedicación del templo yuxtapone un símbolo antiguo de la presencia de Dios —el Arca de la Alianza— con el nuevo símbolo, que es el templo. El Arca había permanecido en las afueras de Jerusalén desde la época de David y contenía las tablas de la ley que Jehová le había dado a Moisés. Para el pueblo de Israel era el lugar en que «habitaba el nombre de Jehová de los ejércitos», o sea que la presencia de Dios y su santidad estaba en ella. Como vemos en el siguiente episodio del libro de Samuel, la santidad de Jehová también es poderosa:

«Mientras se llevaban de la casa de Adinadab, que estaba en la colina, el Arca de Dios, Ahío iba delante del Arca. David y toda la casa de Israel danzaban delante de Jehová con toda clase de instrumentos... Cuando llegaron a la era de Nacón, Uza extendió su mano hacia el Arca de Dios y la sostuvo, pues los bueyes tropezaban. Entonces el furor de Jehová se encendió contra Uza; allí mismo lo hirió Dios por aquella temeridad, y cayó allí muerto junto el Arca de Dios... Y temiendo David a Jehová aquel día dijo: "¿Cómo ha de entrar en mi casa el Arca de Jehová?". De modo que David no quiso llevar a su casa, a la ciudad de David, el Arca de Jehová, sino que la hizo llevar a casa de Obed-edom, el geteo (2 S.4-10).

Toda persona, objeto o lugar dedicado a Dios se volvía sagrado, y una falta de respeto, aunque involuntaria como la de Uzak, podía causar la muerte. Así vemos que cuando se transporta el Arca en la época de Salomón, solamente los sacerdotes la manipulan, mientras que «Salomón y toda la congregación» ofrecen sacrificios (1 R 8. 3-7).

1 Reyes 8.1 sitúa la dedicación del templo dentro del contexto de su época: los grupos que ejercen el poder y el liderazgo social se reúnen con

el rey. Entre ellos están los sacerdotes, los ancianos y los jefes de familia de todo Israel. Es una lista en la cual no figuran ni las mujeres, ni los niños, ni los profetas. Las mujeres (y niños) jugaban un papel importante en los ritos religiosos que se llevaban acabo dentro del ámbito del hogar, pero no en las celebraciones públicas. La omisión de los profetas es extraña, dado el gran papel que juegan en Reyes.

En el Oriente antiguo, la ceremonia de la dedicación del templo legitima el reinado del monarca y también recalca las bases para la relación entre el rey, su dios y su pueblo. Así vemos que al reposar el Arca en el Lugar Santísimo (o sea la sala interior del templo) y al salir los sacerdotes del lugar, «la nube llenó la casa de Jehová. Y los sacerdotes no pudieron permanecer para ministrar a causa de la nube, porque la gloria de Jehová había llenado la casa de Jehová» (1 R 8.10-11). La nube de la presencia de Dios aparece en dos contextos en la Biblia: (1) cuando el pueblo desafía a Dios (Ex 16.10; Nm 14.10, 22; 16:19) o (2) cuando un lugar es dedicado para el culto a Jehová (Ex 40.34; Ez 11.23). En el primer contexto la nube de la presencia de Jehová aparece cuando los israelitas murmuran contra Jehová por no tener qué comer (Ex 16.10) y cuando se rehúsan a entrar en la tierra prometida (Nm 14.10, 22).

La dedicación del templo por Salomón es casi una réplica exacta de la construcción y dedicación del tabernáculo movible que acompañó al pueblo de Israel durante su peregrinación en el desierto. Cuando el tabernáculo fue construido, se nos dice: «Entonces una nube cubrió el Tabernáculo de reunión, y la gloria de Jehová llenó el Tabernáculo. Moisés no podía entrar en el Tabernáculo de reunión, porque la nube estaba sobre él y la gloria de Jehová lo llenaba» (Ex 40.34). Aunque Moisés y Salomón construyen los lugares santos, es la presencia de Jehová lo que los santifica.

1.5. Oración de Salomón: 1 R 8

Durante la dedicación del templo el rey actúa como mediador entre el pueblo y Dios. En una liturgia o ceremonia Salomón pronuncia oraciones de intercesión por el pueblo hacia Jehová y también se dirige al pueblo para bendecirlo. La ceremonia comienza y concluye con una bendición, en la cual el rey proclama la fidelidad de Jehová en el pasado (1 R 8.15-21) y en el futuro (1 R 8.56-61): «Bendito sea Jehová,

...nuestro Dios, como estuvo con nuestros padres, y no nos desampare ni nos deje. Incline nuestro corazón hacia él, para que andemos en todos sus caminos...» (1 R 8.56-58). Entre estas dos bendiciones Salomón se dirige a Jehová. Su oración contiene tres elementos claves: (1) recalca la promesa hecha a David; (2) plantea un problema teológico que refleja el punto de vista deuteronomista: ¿Cómo puede «habitar» en un solo lugar un Dios omnipotente y universal?, y (3) presenta siete peticiones.

El problema teológico es importante puesto que la futura destrucción del templo que Salomón está dedicando a Jehová podría ser interpretada como la destrucción de su Dios, o por lo menos como su subyugación a los dioses de los pueblos que más tarde conquistarían a Israel. Reyes resuelve el problema en la oración de Salomón haciendo del templo un punto de referencia entre Dios y la humanidad, y no el lugar donde «habita» Jehová:

«Con todo, Jehová Dios mío, tú atenderás a la oración de tu siervo y su plegaria, escuchando el clamor y la oración que tu siervo hace hoy en tu presencia, que tus ojos estén abiertos noche y día sobre esta Casa, sobre este lugar del cual has dicho: Mi nombre estará ahí». Escucha la oración que tu siervo te dirija en este lugar. Oye pues, la oración de tu siervo y de tu pueblo Israel. Cuando oren en este lugar, también tú lo oirás en el lugar de tu morada, en los cielos» (1 R 8.28-9).

El templo no «contiene» a Dios, porque éste mora en los cielos. La fórmula «tú oirás en los cielos» ocurre en las peticiones que siguen, recalcando este importante concepto teológico.

Salomón dirige siete peticiones a Jehová; seis de ellas a favor del pueblo de Israel y una por lo extranjeros que dirigen su mirada hacia el templo. Varias peticiones hablan del pecado del pueblo, el castigo relacionado a la desobediencia, el arrepentimiento y piden que la misericordia de Dios se manifieste en acciones concretas: «Si tu pueblo Israel, es derrotado delante de sus enemigos por haber pecado contra ti, y se vuelve a ti y confiesa tu nombre, si oran, te ruegan y suplican en esta casa, tú oirás en los cielos, perdonarás el pecado de tu pueblo Israel y lo volverás a la tierra que diste a sus padres» (1 R 8.33-4). Otras peticiones no mencionan el pecado, pero sí piden el auxilio de Jehová para los extranjeros (1 R 8.41-3) y para el pueblo cuando amenaza la guerra (1 R 8.44-5). Salomón termina las siete peticiones invocando la tradición y la relación especial que tiene el pueblo de Israel con Jehová: «...pues tú los apartaste para ti como heredad tuya de entre todos los pueblos de la tierra, como lo dijiste por medio de Moisés, tu siervo, cuando tú Señor Jehová, sacaste a nuestros padres de Egipto» (1 R 8.53). Dios escucha, ve y actúa porque es fiel a la elección de su pueblo.

1.6. Jehová responde a Salomón en un sueño: 1 R 9.1-11

Jehová responde a la oración de Salomón, pero no en el momento mismo de la dedicación del templo, sino que aparece «como lo hizo en Gabaón» (8.2), o sea en un sueño. Jehová acepta las oraciones de Salomón con una condición: él y sus descendientes tienen que ser fieles a Dios y a sus preceptos. Si no actúan de esta manera, la respuesta describe el terrible castigo: «Yo eliminaré a Israel sobre la faz de la tierra que les he entregado. Y esta casa que he santificado a mi nombre, la echaré de delante de mí...» (1 R 9.7). Este castigo refleja la situación del pueblo exiliado varios siglos después.

1.7. Una reina prueba a Salomón: 1 R 10.1-13

Como notamos anteriormente, la sabiduría del rey Salomón es probada por varias mujeres: las dos prostitutas que querían poseer un bebé, y también la reina de Saba, una extranjera que gobernaba un pueblo en el noroeste o suroeste de Arabia. Se cree que puede haber un fundamento histórico para la visita de la reina de Saba, puesto que existió un reino Saba en el norte o suroeste de península arábica en la época de Salomón. La industria principal de este reino fue el comercio, un detalle que se nota en los regalos de la reina a Salomón —especiería, piedras preciosas, madera de sándalo— que provenían del intercambio comercial con tierras lejanas.

Como notamos anteriormente, el relato del reinado de Salomón muestra la influencia de la literatura de la sabiduría, la cual representa a las mujeres según dos estereotipos: la sabiduría encarnada y la mujer extraña o extranjera que representa la necedad. Sin embargo, en este episodio sobre la reina de Saba vemos a una extranjera cuyo conocimiento y sabiduría es capaz de desafiar a la de Salomón. Más aún, la reina es capaz de reconocer la mano de Jehová en el esplendor de la corte de Salomón: «¡Bendito sea Jehová, tu Dios, que te vio con agrado y te ha colocado en el trono de Israel!, pues Jehová ha amado siempre a Israel, y te ha puesto como rey para que hagas derecho y justicia» (1 R 10.9). La reina de Saba rompe el estereotipo de la mujer extranjera con su propia sabiduría.

1.8. La deslealtad a Jehová: Decadencia en el reino de Salomón: 1 R 11

Este capítulo resume la decadencia del reino de Salomón y su infidelidad a Jehová, cuya semilla ya se encuentra en el joven rey. El rey se casa con la hija del faraón, cimentando así una buena relación con un importante aliado, pero a la vez introduciendo en el país a una de muchas extranjeras que más adelante ejercerían una influencia destructiva sobre el corazón de Salomón (1 R 11.1-2). El joven rey también muestra su amor por el exceso y quizás el sincretismo por medio de extravagantes sacrificios y holocaustos que ofrecía a Jehová en los «lugares altos», donde anteriormente rendían culto los cananeos a sus dioses.

Aunque Reyes habla de la abundancia de bienes como signo de la bendición de Jehová hacia el rey, esto encubría la pesada carga que los proyectos de construcción significaban para el pueblo. Los hombres hábiles tenían que dejar sus tierras sin cultivar para trabajar en las obras de construcción que incluyeron la edificación del templo, la construcción del palacio del rey y la fortificación de varias ciudades por todo el país. Salomón endeudó tanto al país que tuvo que cederle veinte ciudades en el norte del país (Galilea), al rey Hiram de Tiro, quien le había abastecido con madera de cedro y ciprés (1 R 9.10-14).

Salomón no solamente introdujo extranjeras en su harén, sino que también les rindió culto a los dioses extranjeros e incluso construyó «lugares altos» para ellos:

«Cuando Salomón ya era viejo, sus mujeres le inclinaron el corazón tras dioses ajenos, y su corazón no era ya perfecto para con Jehová, su Dios como era el corazón de su padre David. Salomón siguió a Astoret, diosa de los sidonios, y a Milcom, ídolo abominable de los amonitas. E hizo Salomón lo malo ante los ojos de Jehová, pues no siguió cumplidamente a Jehová como su padre David» (1 R 11.4-5).

Este cambio en el corazón del rey ocurre en su vejez. Como David, Salomón pierde la voluntad y quizás la capacidad para confrontar y negar los deseos de sus familiares. Desgraciadamente, el comentario «_____

hizo lo malo ante los ojos de Jehová, pues no siguió cumplidamente a Jehová» se repite a lo largo de Reyes cuando el narrador evalúa el reinado de la mayoría de los gobernantes del reino de Israel.

2. Historia paralela de los reinos de Israel y Judá: 1 R 12-2 R 17

El esplendor que caracterizó el reino de Salomón degenera rápidamente con la accesión al trono de su hijo Roboam. Este descendiente de David, por su desobediencia y falta de sabiduría, deshace todo lo que recibe como herencia: pierde la fidelidad de las tribus de Israel hacia la monarquía, así como una gran parte de su territorio; y el templo de Jehová es saqueado por sus enemigos. Siguiendo al rey, el pueblo entero de Judá «hizo lo malo ante los ojos de Jehová», pues introdujeron a la diosa Asera y construyeron «lugares altos» para su culto. El resultado de toda esta deslealtad es el empobrecimiento y la disminución del reino del sur.

Desde el principio de la historia de la monarquía en Israel, la accesión al trono es un proceso por medio del cual los descos de las tribus de Israel, en conjunto con la voluntad de Jehová, confirman al que será el futuro monarca. Saúl es elegido porque el pueblo le pide un rey a Samuel; y Jehová les concede su deseo, aunque esto significa un rechazo de su gobierno: «Dijo Jehová a Samuel: "Oye la voz del pueblo en todo lo que ellos te digan; porque no te han desechado a ti, sino a mí me han desechado, para que no reine sobre ellos"» (1 S 8.7). Cuando Saúl desobedece los mandatos de Jehová, Samuel unge a David (1 S 16) y éste es proclamado rey por el pueblo años más tarde (2 S 5.1-5). En el caso de Salomón, la unción y la proclamación ocurren en el mismo momento: «Tomó el sacerdote Sadoc el cuerno del aceite del tabernáculo y ungió a Salomón; tocaron la trompeta y gritó todo el pueblo: ¡Viva el rey Salomón!» (1 R 1.39).

Este capítulo de Reyes también representa la sucesión al trono del reino unido como una elección por las doce tribus en la que interviene la voluntad de Jehová. Como vimos anteriormente, por medio de un acto simbólico, Ahías profetiza la división del reino unido en dos: el reino del norte y el del sur, o sea Israel y Judá. Unge a Jeroboam como rey de Israel y predice la accesión de Roboam al trono de Judá. Sin embargo, es al presentarse Roboam, el hijo de Salomón, para ser proclamado rey del norte y el sur por las tribus de Israel, que ocurre la desintegración del reino unido. El pueblo pide justicia: «Tu padre agravó nuestro yugo. Alivia tú ahora algo de la dura servidumbre de tu padre y del pesado yugo que nos impuso, y te serviremos» (1 R 12.4). Pero el joven rey se rehúsa a escuchar. (Hay que notar que el pueblo no se queja de la idolatría que introdujo Salomón). El narrador interpreta esta reacción como la confirmación de la profecía de Ahías (1 R 12.15).

Un detalle irónico de este relato es que Roboam encarna la falta de sabiduría; la cualidad que su propio padre le había pedido a Jehová, pero que más tarde abandonó en su vejez. Roboam pudo escuchar el consejo de los ancianos y mejorar la injusticia, pero en lugar de ello escucha a su propia generación, que lo incita a ser aún más cruel con el pueblo. Un hombre sin escrúpulos, el hijo de Salomón repite lo que le dictan sus amigos: «Mi Padre agravó vuestro yugo, pero yo lo haré más pesado aún; mi padre os castigó con azotes, pero yo les castigaré con escorpiones» (1 R 12.14). Regresa a Jerusalén para preparar una guerra, pero interviene una vez más una figura profética: «Pero Jehová habló a Semaías, hombre de Dios, diciendo ... "No vayáis ni peleéis contra vuestros hermanos, los hijos de Israel; volveos cada uno a su casa, porque esto es obra mía"» (1 R 12.23). A largo plazo, Roboam desobedece esta orden de Jehová, puesto que el narrador nos dice que: «Todos los días hubo guerra entre Roboam y Jeroboam» (1 R 14.30).

Roboam reinó cuarenta años sobre Judá, pero el prestigio de su reino disminuyó cuando el rey de Egipto Sisac saqueó Jerusalén y tomó como tributo los ornamentos del templo. El reino de Judá se convierte entonces en un pequeño reino a la merced de uno de los grandes poderes imperiales de su época. Este pequeño reino perdura solamente porque Jehová mantiene la promesa que le hizo a David: que un descendiente suyo reinaría sobre el trono de Israel para siempre.

Mientras Roboam reinaba en el reino disminuido de Judá, Jeroboam establecía una dinastía en el reino del norte. Escogió para su capital la ciudad de Siquem, en los montes de Efraín, un lugar estratégico que vigilaba los caminos principales que atravesaban el territorio de este a oeste. Situada en un paso entre el Monte Ebal y el Monte Gerisim, Siquem había jugado un papel importante en la administración política y religiosa de las tribus del norte (Gn 12.6-7; 33.18; 34.31; Josué 24.1-28; Jueces 9).

Aunque Jeroboam tenía todas las ventajas estratégicas —más territorio, más población y el control de ciertas rutas de comercio — se encontraba en una situación expuesta en lo que concernía el culto religioso de su pueblo. El templo estaba en Jerusalén y era el lugar santificado para el culto de Jehová por Jehová mismo. Jeroboam analiza su dilema así: «Ahora, la casa de David recuperará el reino si este pueblo sube a ofrecer sacrificios en la casa de Jehová en Jerusalén, porque el corazón de este pueblo se volverá a su señor Roboam, rey de Judá, me matarán a mi y se volverán a Roboam, rey de Judá» (1 R 12.26-7). Jeroboam olvida la promesa que Jehová le hizo y toma medidas para que su pueblo no viaje a Jerusalén para rendirle culto a Dios. La solución de Jeroboam es crear un culto a Jehová independiente del templo en Jerusalén. Usó los antiguos centros religiosos (Dan y Bet-el) y las antiguas costumbres del pueblo del norte: hizo becerros de oro.

Tanto Jeroboam, rey de Israel, como Roboam, rey de Judá, cometieron el peor de los pecados: no hicieron la voluntad de Dios en lo que concierne el culto a Jehová. Jeroboam trató de controlar el culto, creando santuarios en el reino del norte. «Jeroboam...designó sacerdotes de los lugares altos de entre el pueblo y a quien quería lo consagraba para que fuera de los sacerdotes de los lugares altos. Esto fue causa de pecado para la casa de Jeroboam, por lo cual ha sido cortada y raída de sobre la faz de la tierra» (1 R 13.33). El pecado de Roboam fue aparentemente peor: fomentó la construcción de lugares altos e imágenes dedicados a otros dioses (1 R 14.23). Jehová castiga a Jeroboam con la muerte de su hijo y con un oráculo que profetiza la destrucción total de su linaje. Esta destrucción no tardó en imponerse, puesto que Nadab, el hijo que lo sucedió, fue asesinado por Baasa, quien le arrebató el trono. La historia del reino del norte se caracterizó desde ese momento por la sucesión a través de la violencia. En el reino del sur, Roboam fue castigado con la invasión de Egipto, que lo convirtió en vasallo de ese gran imperio.

De este momento en adelante, el narrador en el libro de los Reyes comienza la historia de cada rey del norte y del sur con una de dos fórmulas: «Toda Judá (o Israel) hizo lo malo ante los ojos de Jehová...» (1 R 14.22), o «Anduvo en todos los pecados que su padre cometió antes de él. Su corazón no fue perfecto para con Jehová su Dios, como el corazón de David su padre» (1 R 15. 3). El relato acerca de cada rey es un resumen, puesto que el narrador le dice al lector: «El resto de los hechos de _____, ¿no están escritos en el libro de las crónicas de los reyes de Israel (o de Judá)?» (1 R 16. 20). Así pues, el resto de Reyes es un resumen de cada reino del norte y del sur hasta el momento en que el reino del norte, o sea Israel, deja de existir y años más tarde se completa la destrucción de Judá.

3. Dos profetas desafían a los reyes de Israel y Judá: Elías y Eliseo: 1 R 17-2 R 8

Intercaladas en las historias de los reinos del norte y del sur, encontramos a dos figuras proféticas que sobresalen de todas las demás. Son Elías y su sucesor Eliseo. En el momento en que emergen, el profetismo se ha convertido en una fuerza crítica contra el gobierno de los monarcas en cada reino. Las historias de estos dos grandes profetas demuestran la ayuda que Jehová brinda a los marginados, especialmente a las mujeres. Frecuentemente, son personas marginadas quienes proclaman a Jehová como único Dios, o quienes reconocen al profeta como un auténtico «varón de Dios».

3.1. Elías

El ministerio de Elías comienza durante el reino de Acab, rey de Israel (primera mitad del siglo IX). Este rey, casado con Jezabel, una princesa de Sidonia, fomentó el culto a Baal y Asera, que tenía raíces muy profundas en la cultura cananea. Contra esta corriente baalista, se lanza el profeta Elías el Tisbita, de Galaad. Reyes no da ninguna información sobre la manera en que este personaje fue enviado por Jehová, ni cómo fue llamado a la vocación de profeta. Surge repentinamente para condenar el culto de Baal que Acab y su esposa fomentaban. Elías fue perseguido por la reina Jezabel, ávida devota del dios Baal.

Como hemos visto, Baal era el dios de la fertilidad que controlaba la lluvia y el rocío. Por lo tanto, la batalla entre Baal y Jehová enfocaba la pregunta: ¿Quién es el verdadero Dios, el que controla las fuerzas de la naturaleza? El primer paso en esta gran batalla es demostrar quién controla la lluvia. Por eso, Elías aparece profetizando una gran sequía en Israel: «¡Vive Jehová, Dios de Israel, en cuya presencia estoy, que no habrá lluvia ni rocío en estos años, hasta que mi boca lo diga!» (1 R 17.1).

Enviado por Jehová, se esconde cerca del Jordán. Pero luego ocurre algo curioso: Jehová lo envía a Sarepta, a casa de una viuda. Sarepta es un pueblo cerca de Sidón (de donde viene Jezabel), un lugar donde reina el culto a Baal. El profeta le pide a la viuda un vaso de agua y un pedazo de pan, pero ella responde: «¡Vive Jehová, tu Dios, que no tengo pan cocido! Solamente tengo un puñado de harina en la tinaja y un poco de aceite en una vasija. Ahora recogía dos leños para entrar y prepararlo para mí y para mi hijo. Lo comeremos y luego moriremos» (1 R17. 12). La viuda vivía al margen de la sociedad en una pobreza total y sentía el impacto de la sequía. Elías responde con una profecía en la cual Jehová promete que el aceite y la harina no se acabarán hasta que llueva sobre la faz de la tierra, un milagro que recuerda la provisión de Dios por medio del maná cuando Israel andaba por el desierto.

Este primer milagro demuestra el poder de Jehová sobre la naturaleza y su capacidad para proveer, pero el siguiente milagro lo pinta como el Dios que tiene poder sobre la vida y la muerte, poder que no tenía Baal. Según la mitología de los cananeos, Baal es consumido por Mot, dios de la muerte, hasta que Anat la hermana de Baal lucha contra Mot y lo libera. Así pues, el hijo de la viuda —su único consuelo— muere. Cuando acude al profeta Elías éste intercede ante Jehová. Dice el narrador: «Jehová oyó la voz de Elías, el alma volvió al niño y este revivió» (1 R 17. 22). El niño revive, y la mujer le dice al profeta: «Ahora reconozco que tú eres un varón de Dios y que la palabra de Jehová es verdad en tu boca» (1 R 17. 24).

¿Por qué envía Jehová a Elías a una viuda que probablemente no lo adoraba? ¿Por qué envía a su profeta hacia una mujer que venía de la misma cultura que Jezabel? La ley de Israel hace hincapié en la misericordia con la que se debe tratar a las viudas, los huérfanos y a los extranjeros. Dice el libro de Deuteronomio:

«Circuncidad pues, el prepucio de vuestro corazón, y no endurezcáis más vuestra cerviz. Porque Jehová, vuestro Dios, es Dios de dioses y Señor de señores, Dios grande, poderoso y temible, que no hace acepción de personas, ni recibe sobornos, que hace justicia al huérfano y a la viuda, que ama también al extranjero y le da pan y vestido. Amaréis, pues, al extranjero, porque extranjeros fuisteis en la tierra de Egipto» (Dt 10. 16-19).

La viuda y su hijo pertenecen a estas categorías, y por lo tanto son recipientes de la misericordia de Jehová por medio de Elías. También notamos una transformación en la viuda. Al principio le habla a Elías de su Dios, Jehová (1 R 17.12); luego le llama «varón de Dios», o sea profeta (1 R 17.18); y finalmente declara: «Ahora reconozco que tú eres un varón de Dios y que la palabra de Jehová es verdad en tu boca» (1 R 17.24). No solamente conoce a Jehová por sus obras, sino que también confirma a Elías como verdadero profeta de Dios.

La viuda de Sarepta, que acoge con generosidad al profeta a pesar de su miseria, es un fuerte contraste con la hospitalidad de Jezabel hacia los profetas de Baal, cuando «el hambre era grave» en Samaria (1 R 18.2). En medio de esta situación que «perturbaba a Israel» (1 R 18.18), la reina les daba de comer en su mesa a cuatrocientos cincuenta profetas de Baal y a cuatrocientos profetas de Asera. (1 R 18.19). Es en este momento, después de tres años de sequía que Elías regresa y reta a los profetas de Baal en el monte Carmelo.

¿Cuál es el reto y por qué lo hace? Cuando todo el pueblo y los profetas de Baal están congregados en el monte Carmelo, Elías propone que como prueba se preparen dos sacrificios para ver cuál es consumido por el fuego: «Invocad luego vosotros el nombre de vuestros dioses; yo invocaré el nombre de Jehová. El Dios que responda por medio del fuego, ese es Dios» (1 R 18.24). Baal no responde a los profetas.

Esta prueba no iba a ser solamente para probar la existencia de Dios, sino también una ceremonia para recobrar la memoria nacional y para hacer volver el corazón del pueblo hacia Jehová. Elías reconstruye un altar a Jehová conforme a la tradición dictada a Jacob, que luego se convierte en Israel en el libro del Génesis:

«Todo el pueblo se le acercó y Elías arregló el altar de Jehová que estaba arruinado. Tomó doce piedras, conforme al número de las tribus de los hijos de Jacob, al cual había sido dada palabra de Jehová diciendo: "Israel será tu nombre" y edificó con las piedras un altar al nombre de Jehová... Cuando llegó la hora de ofrecer el holocausto, se acercó el profeta Elías y dijo: "Jehová, Dios de Abraham, de Isaac y de Israel, sea hoy manifiesto que tú eres Dios en Israel, que yo soy tu siervo y que por mandato tuyo he hecho todas estas cosas. Respóndeme, Jehová, respóndeme, para que conozca este pueblo que tú, Jehová eres el Dios, y que tú haces que su corazón se vuelva a ti"» (1 R 18.36-7).

Al concluir el reto el pueblo declara «¡Jehová es Dios, Jehová es Dios!» (1 R 39). Elías ora, y termina la sequía. Jehová es Dios de la naturaleza, pero también el Dios de Israel a quien los antepasados conocieron.

3.2. Eliseo

El ministerio de Eliseo, el sucesor de Elías, se llevó a cabo durante un momento en que los reyes y ejércitos de Siria atacaban a Israel. En sus intervenciones Eliseo a menudo toma el papel tradicional del profeta que predice el éxito o la derrota de una campaña militar. Sin embargo, la historia de Eliseo también tiene episodios en los cuales el profeta se apiada de gente marginada. Entre ellos figuran dos mujeres: la viuda de un profeta que va a perder sus hijos a los acreedores de su esposo y una mujer sunamita (es decir, natural de Sunem, cerca del monte Carmelo) que recibe al profeta en su casa y a la que él bendice con un hijo. En el caso de la viuda, Eliseo hace que el aceite se reproduzca abundantemente en su casa para que ella y sus hijos pudiesen solucionar su problema económico. El profeta recompensa a la sunamita con un hijo, que luego revive cuando éste muere después de una enfermedad repentina. En el caso de ambas mujeres, el profeta es señal que el Dios de Israel vela sobre los más pobres y necesitados.

El personaje más insólito a quien Eliseo demuestra la misericordia de Jehová es Naaman, el general del ejército sirio. Los sirios habían salido con bandas armadas contra Israel y se habían llevado cautiva a la gente (2 R 5.2). Según el narrador, Naaman tenía mucho prestigio, lo estimaba el rey de Siria porque «por medio de él había dado Jehová salvación a Siria» (2 R 5.1). El poder de Jehová alcanza más allá de su pueblo, y ayuda hasta a los enemigos de Israel...

Naaman, el general de Siria, impulsado por la historia de una muchacha de Israel que fue llevada cautiva a Siria, busca al profeta porque tiene lepra. Su búsqueda y su cura se realizan por el consejo de la gente humilde que le sirve. Eliseo lo manda a lavarse en el Jordán, pero el general se rebela contra el consejo del profeta. Sin embargo, sus sirvientes lo convencen para que vaya y se lave. El general reconoce a Jehová (sin usar su nombre): «Ahora conozco que no hay Dios en toda la tierra, sino en Israel» (2 R 5.15).

El profeta Eliseo también interviene en la política de la sucesión al trono en el reino del norte, cuando la familia de Acab y Jezabel continúa en el culto a Baal y comete injusticias contra el pueblo de Israel. Eliseo envía a su sirviente a ungir como rey de Israel a Jehú, un oficial del ejército de Israel. Jehú elimina la familia real del reino del norte, y también mata al rey Ocozías del sur, purgando de esta manera la gran influencia del baalismo en la tierra. La unción de Jehú anunciada por el criado de Eliseo enfatiza la venganza:

«Yo te he ungido como rey del pueblo de Jehová, de Israel. Herirás a la casa de Acab, tu señor, para que yo vengue la sangre de mis siervos los profetas y la sangre de todos los siervos de Jehová, derramada por la mano de Jezabel. Toda la casa de Acab perecerá y exterminaré a todo varón de Acab en Israel, tanto al siervo como al libre... A Jezabel se la comerán los perros en el campo de Jezreel y no habrá quien la sepulte» (2 R 9.6-10).

Jehú manda a poner las cabezas de los setenta hijos de Acab en dos montones a la entrada de las puertas en Jezreel (2 R 10.7-8). Jehová aprueba esta acción como parte de la purificación de la tierra del culto a baal, y le promete que habrá alguien de su linaje sobre el trono de Israel hasta la cuarta generación. Sin embargo, el narrador nos dice que Jehú no anduvo en la ley de Jehová con todo el corazón, puesto que hizo lo mismo que Jeroboam: creó un culto separado a Jehová en el reino del norte. La purificación de Jehú también se ve negativamente, como algo que va en contra del carácter de Dios en otros libros de la Biblia. Dice el profeta Oseas: «Ponle por nombre Jezreel, porque dentro de poco castigaré a la casa de Jehú a causa de la sangre derramada en Jezreel, y haré cesar el reinado de la casa de Israel. Aquel día quebraré el arco de Israel en la calle de Jezreel» (Os 1.4-5).

El reino del norte continúa hundiéndose en una espiral de apostasía y violencia, una decadencia que le hace presa fácil de los grandes imperios que en ese momento luchan por controlar este territorio. El reino del norte fue invadido varias veces por ejércitos del imperio asirio, quienes desterraron a la población y transfirieron a las ciudades habitantes de otros pueblos. Samaria, la capital del reino del norte, es invadida y tomada al cabo de tres años por el rey asirio Salmanasar (722-21 a.C.). Según la voz del narrador, que refleja el punto de vista de los redactores deuteronomistas, el cautiverio de la población del norte se debe a que «no habían atendido a la voz de Jehová, su Dios, sino que habían quebrantado su pacto y no habían escuchado ni puesto por obra todas las cosas que Moisés, siervo de Jehová había mandado» (2 R 18.12).

4. Historia de Judá después de la destrucción de Israel: 2 R18-25

El reino de Judá duró duro apenas un siglo más que Israel. Sucumbió al imperio de Babilonia en el año 597 a.C. Sin embargo, reinaron dos reyes que brevemente inspiraron esperanza porque obedecían a Jehová. Tan profunda fue la conversión de estos reyes que el narrador los describe a ambos usando superlativos: «No hubo rey antes de él que se convirtiera a Jehová con todo su corazón, con toda su alma y con todas sus fuerzas, conforme a toda la ley de Moisés, ni después de él nació otro igual» (2 R 23.24). Sin embargo, esta fidelidad no es suficiente para salvar al reino de Judá de las grandes corrientes geopolíticas de su época: surgían grandes imperios (Egipto, Asiria, Babilonia) que se disputaban el corredor de tierra fértil, la ruta entre Mesopotamia y Egipto donde estaba situado el pequeño y débil reino de Judá. Los autores de la historia deuteronomista atribuyen la caída de Israel y Judá a la acumulación, a través de los siglos, de la infidelidad hacia Jehová que resulta en la apostasía y violencia.

4.1. Ezequías

El narrador describe al rey Ezequias como un fiel seguidor de Jehová. «Jehová estaba con él, y adondequiera que iba, prosperaba» (2 R 18.8). Sin embargo, Ezequias tenía poca astucia política. Era vasallo de los asirios, una de las potencias más grandes de su época, y decide «rebelarse» contra el rey de Asiria, o sea no pagar tributo. El rey asirio Senacherib invadió Judá (701 a.D.) y encerró a Ezequías en la ciudad de Jerusalén. (Hay una inscripción encontrada en Asiria en la cual Senacherib dice: «Al rey mismo [Ezequías] encerré en Jerusalén, su ciudad real, como a un pájaro en una jaula»). Pero el rey consulta a Isaías el profeta, quien le asegura que Jehová liberará al pueblo.

El sitio de Jerusalén por las fuerzas de Senacherib, y la liberación del pueblo por Jehová, se representan en términos teológicos. Jehová libera a Jerusalén porque los asirios blasfeman contra él; pero también porque los dioses de los otros pueblos destruidos por los asirios no los protegieron, sencillamente porque no eran dioses. Ezequías dice en su oración ante Jehová:

«Es verdad, Jehová que los reyes de Asiria han destruido las naciones y sus tierras, y que han echado al fuego a sus dioses, por cuanto ellos no eran dioses, sino obra de manos humanas, de madera o de piedra, y por eso los destruyeron. Ahora pues, Jehová Dios nuestro, sálvanos, te ruego, de sus manos, para que sepan todos los reinos de la tierra que solo tú, Jehová, eres Dios» (2 R 20.17-19).

Jehová decide salvar a la ciudad «por amor a mí mismo, y por amor a David, mi siervo» (2 R 19.34). Aquí vemos una vez más la confirmación de la promesa que Jehová hizo a David: «nunca faltará un descendiente mío en el trono de Israel, siempre que mis hijos se porten bien con él, y le sean leales de corazón» (1 R 2.4).

4.2. Josías

El rey Josías nació de un padre que servía y adoraba a los ídolos, dejando a un lado a Jehová. Este rey empezó a reinar cuando apenas tenía ocho años. No se sabe por qué fue un fiel servidor de Jehová, salvo que desde el principio de su reino parece tener contacto íntimo con los sacerdotes del templo de Jehová. (La influencia sacerdotal se hace sentir más que la profética en este caso). El narrador describe a Josías —con la misma fórmula que emplea para Ezequías— de un manera positiva: «Hizo lo recto ante lo ojos de Jehová y anduvo en todo el camino de David, su padre, sin apartarse a derecha ni a la izquierda» (2 R 22.2).

Durante este reinado, al reparar el templo, los trabajadores encuentran el libro de la Ley (probablemente el libro del Deuteronomio), y los sacerdotes se lo envían a Josías. La lectura del libro inicia una purificación de todo el territorio de Judá: una purificación basada en el arrepentimiento, y no en la venganza, como la de Jehú en el reino del norte. El joven rey rasgó sus vestidos y consultó a Jehová a través de los sacerdotes. El rey hizo que todo el pueblo, incluyendo a sacerdotes y profetas, «desde el más pequeño hasta el más grande» (2 R 23.2), acudieran a escuchar la lectura del la Ley; un ritual que se lleva a cabo en momentos en que Israel comienza una nueva etapa de su relación con Dios.

Josías destruyó todos los lugares que habían sido erigidos para el culto a otros dioses, remontándose hasta la época de Salomón. Ordenó a todo el pueblo que celebrara la Pascua según lo prescribía el libro que habían encontrado. La conversión de este rey fue tan profunda, que el narrador lo pinta mejor que a David, (usando la misma fórmula con la que describe a Ezequias): «No hubo rey antes de él que se convirtiera a

Jehová con todo su corazón, con toda su alma y con todas sus fuerzas, conforme a toda la ley de Moisés, ni después de él nació otro igual» (2 R 23.24). Pero aun esta conversión radical no salvó al reino de Judá. Jehová dijo: «También apartaré de mi presencia a Judá, como aparté a Israel, y desecharé a esta ciudad que había escogido, a Jerusalén, y a la casa de la que dije: "Allí estará mi nombre"» (2 R 23. 27).

Conclusión

El glorioso reino de Israel se esfumó por la desobediencia y la apostasía de los monarcas y del pueblo. Los conquistadores asirios matan a los descendientes de la casa real. Pero Joaquín, descendiente de David, sobrevive. Al morir Nabucodonosor, su sucesor, hace vivir a Joaquín en su cautiverio como rey de Judá con todos sus honores:

«Aconteció en el año treinta y siete del cautiverio de Joaquín, rey de Judá, en el mes duodécimo, a los veintisiete días del mes, que Evil-merodac, rey de Babilonia, en el primer año de su reinado, liberó a Joaquín, rey de Judá sacándolo de la cárcel. Le habló con benevolencia y puso su trono más alto que los tronos de los reyes que estaban con él en Babilonia. Le cambió los vestidos de prisionero y Joaquín comió siempre delante de él, todos los días de su vida» (2 R 25.27-9).

El destierro y la destrucción del templo no aplastaron completamente la esperanza del pueblo de que Jehová cumpliría su promesa a David. «Jehová me prometió que cumplirá sus promesas y que nunca faltará un descendiente mío en el trono de Israel, siempre que mis hijos se porten bien con él, y le sean leales de corazón» (1 R 2.4).

1 y 2 Crónicas

Jehová que es bueno,
sea propicio a todo aquel
que ha preparado su corazón
para buscar a Dios...
Oración del rey Ezequías
2 Cr 30.18

Introducción

A partir del año 538 a.C., un pequeño grupo de exilados empezó a partir de Babilonia hacia lo que antes había sido el reino de Judá. Su misión era reconstruir el templo de Jehová —construido por el rey Salomón— que habían destruido los asirios. Trabajaban en condiciones muy difíciles, pues tenían recursos limitados y eran pocos. ¿Cómo animar a un pueblo que se encontraba frente a un desafío tan enorme? ¿Cómo infundir esperanza en un pueblo para reconstruir un templo cuya destrucción se había interpretado como señal del castigo de Jehová?

El libro de las Crónicas 3 reenfoca la esperanza del pueblo, no tanto en los reyes de Israel, cuya época ya había pasado, sino en el culto justo a Jehová. Para lograr este objetivo, Crónicas reinterpreta la historia de Judá presentando a David como el fundador de una comunidad religiosa cuyo centro era el culto a Jehová. Según Crónicas, David, el rey ejemplar, fue un líder fiel y dedicado a Dios, que aunque nunca construyó el templo, sí estableció las bases para que su hijo Salomón llevara a cabo este proyecto. David establece los rituales y los diferentes tipos de oficiales que manejarían el culto a Jehová en el templo. Así pues, este libro une la esperanza mesiánica de un rey de la línea de David con la restauración del verdadero culto en el templo.

1. Contexto bíblico de los libros de Crónicas

Los dos libros de las Crónicas, que de ahora en adelante llamaremos simplemente «Crónicas», repasa la historia de Israel enfocando los dos grandes reinados de la línea de David, o sea los de David y Salomón. Crónicas es una interpretación de los eventos que relatan los libros de Samuel y Reyes escrita para el pueblo de Israel después de los años del destierro en Babilonia. Aquí damos una breve cronología de los eventos que sucedieron antes y después del Exilio o Destierro, para con ella orientar la presentación del contexto de Crónicas:

1020-930 a.C. Reino unido: David y Salomón

930-722 a.C.   División: reinos del Norte y del Sur

722/721 a.C.   Caída de Israel, el reino del Norte

722-586 a.C.   El reino de Judá sobrevive, pero sometido a Asiria

597-587 a.C.   La población de Judá es desterrada y llevada a Babilonia en varias etapas por Nabucodonosor

539 a.C.   Ciro el rey persa conquista el imperio de Babilonia

538 a.C.   Ciro decreta que los hijos de Israel pueden regresar a Judá

Crónicas posiblemente pasó por varias etapas de redacción entre el año 400 y el 200 a.C., y comparte la misma visión del mundo que los libros de Esdras y Nehemías. (Incluye algunos elementos de estos libros, como por ejemplo la descripción de los oficiales del templo [1 Cr 9.1-34; Neh 11.1-24]) Según el cronista, solamente la dinastía de David había sido legitimada por Jehová. Ofrece al lector una esperanza mesiánica basada en la promesa divina hecha a la casa de David: la esperanza de que un descendiente de David ascendería al trono de Israel.

Crónicas relee la historia de Israel y Judá para ayudar a la comunidad a comprender el papel de la monarquía y del templo de Jerusalén como el centro del culto a Jehová. Aunque este libro contiene básicamente los mismos eventos que Samuel y Reyes, las partes añadidas explican diferentes aspectos del culto, tal como el papel de cada grupo de entre los sacerdotes (los descendientes de Aarón y los levitas). Según Crónicas, el movimiento profético en Israel apoyaba el culto en Jerusalén, y no se oponía a él, como en las tradiciones más antiguas. Incluso los levitas profetizaban en el templo (2 Cr 20.15-17).

Una de las técnicas narrativas que emplea Crónicas es el uso de listas y genealogías de personas para representar la participación de todo el pueblo en los eventos que conciernen a los grandes reyes —David especialmente, pero también Salomón, Ezequías y Josías—. A menudo hace un giro cronológico, (flashback) para recuperar material que no ha sido mencionado anteriormente, y así validar o explicar un punto en la narración. Esto se nota especialmente al principio de la historia del reino de David.

2. Personajes

Crónicas enfoca y desarrolla la representación de los reyes de Judá que establecieron oficialmente el culto a Jehová (David y Salomón) y también aquellos que llevaron acabo reformas (Asa, Ezequías y Josías). Los profetas aparecen de repente interviniendo, aconsejando o amonestando a los reyes, pero no tienen tan alto perfil como los profetas Samuel y Natán en el libro de los Reyes. El profeta Isaías aparece, pero el texto no cita las palabras de sus profecías para el rey Ezequías. En Crónicas (como en Reyes) también aparece una de las figuras proféticas que se encuentran raramente en la Biblia: la profetiza Hulda, quien aconseja al rey Josías sobre la restauración del culto en el templo (2 Cr 34. 22-28). Ambos textos la presentan como una persona que vive cerca del templo y a la cual acudían los mismos sacerdotes del templo. También figuran personajes «tipo», o sea personajes que pertenecen a un tipo o grupo —sacerdotes, levitas, guerreros— pero que no se destacan por su individualidad.

El personaje principal del libro de las Crónicas es el rey David, visto como el paradigma del rey justo que hizo todo lo que pudo para instituir el culto a Jehová. El relato de su vida tiende a minimizar sus pecados y resaltar su fidelidad a Dios. Este libro también enfatiza el lado artístico de David, atribuyéndole la institución de grupos de músicos en el culto de Jehová. «Puso delante del Arca de Jehová a ministros de los levitas, para que recordaran, confesaran y alabaran a Jehová, Dios de Israel... con sus instrumentos de salterios y arpas... También los sacerdotes ... tocaban continuamente las trompetas delante del Arca del pacto de Dios» (1 Cr 16.4-6).

Cuando se trata de un rey que no fue completamente fiel a Jehová, Crónicas no crea una caricatura, representándolo como un ser totalmente malo. Relata tanto los momentos de fidelidad como los de infidelidad, enfocando ambos con muchos detalles. La historia de Manasés, el hijo de Ezequías, es un ejemplo de esta técnica. Manasés es un ejemplo claro de que la fidelidad no se transmite de una generación a otra, y que a pesar de esto siempre es posible una conversión. El cronista lo condena «... hizo lo malo ante los ojos de Jehová, conforme a las abominaciones de las naciones que Jehová había echado de delante de los hijos de Israel» (2 Cr 33.2). Entre estas abominaciones figuraba la construcción de altares a los baales, y la erección de imágenes de Asera y a todo el ejército de los cielos.

«Pasó sus hijos por fuego en el valle del hijo de Hinom y observaba los tiempos, confiaba en agüeros, era dado a adivinaciones y consultaba a adivinos encantadores; se excedió en hacer lo malo ante los ojos de Jehová, hasta encender su ira. Además de esto puso una imagen fundida que hizo en la casa de Dios, de la cual había dicho Dios a David y a su hijo Salomón: "En esta Casa y en Jerusalén, la cual yo elegí sobre todas las tribus de Israel, pondré mi nombre para siempre..."» (2 Cr 33.6-8).

Este rey cometió el pecado más cruel, pues sacrificó sus hijos a los dioses. Sin embargo, al encontrarse prisionero de los asirios se arrepiente y Dios lo escucha. «Pero cuando se vio en angustia, oró a Jehová, su Dios, y se humilló profundamente en la presencia del Dios de sus padres. Oró a él, y fue atendido; pues Dios oyó su oración y lo hizo retornar a su reino en Jerusalén. Entonces reconoció Manasés que Jehová era Dios» (2 Cr 33.12-3).

3. El mundo social de Crónicas

El mundo social de los lectores de Crónicas es muy complejo, puesto que el pueblo de Israel había sido separado en varios grupos durante la época del destierro o exilio. Los asirios, que luego fueron conquistados por el nuevo imperio persa, habían desterrado a las clases altas y profesionales. Nabucodonosor, rey de Babilonia «se llevó cautiva a toda Jerusalén, a todos los príncipes y a todos los hombres valientes, en número de diez mil cautivos, y a todos los artesanos y herreros; no quedó nadie excepto la gente pobre del país» (2 R 24.14). La población de Judá fue deportada en varias etapas (586 y 582 AC) y los desterrados vivían en pequeñas aldeas cerca de Babilonia. Aunque se encontraban en el exilio, las condiciones no eran terribles, puesto que se les permitía vivir en aldeas y tenían la opción de integrarse en la cultura local. En algunos casos, incluso entraban al servicio de la familia real:

«A los que escaparon de la espada los llevó cautivos a Babilonia, donde fueron siervos de él y de sus hijos hasta que vino el reino de los persas; para que se cumpliera la palabra de Jehová, dada por la boca de Jeremías, hasta que la tierra hubo gozado de reposo; porque todo el tiempo de su asolamiento reposó hasta que los setenta años fueron cumplidos» (2 Cr 36.20-1)

Muchos de los que habían sido desterrados no regresaron a Judá después que el rey persa decretó que podían hacerlo. Algunos se asimilaron a la cultura dominante, pero otros llegaron a formar el núcleo de una comunidad judía que perseveró en Babilonia por varios siglos.

4. Estructura de Crónicas

Este esquema de Crónicas muestra la importancia que los autores le dieron a preservar la memoria de las raíces familiares del pueblo de Israel. Nueve de los treinta y seis capítulos son genealogías que se remontan desde las familias que regresaron a Jerusalén después del destierro hasta Adán, el antepasado de toda la humanidad.

1. Genealogías del pueblo de Israel: 1 Cr 1-9
2. El imperio de David: 1 Cr 10-29
3. Reino de Salomón: 2 Cr 1-9
4. Reino de Judá: 2 Cr 10-36

Las secciones 2, 3 y 4 son la reinterpretación de los eventos descritos en Samuel y Reyes.

5. ¿Por qué leer Crónicas hoy en día?

¿Qué tienen que ver las listas genealógicas de las tribus de Israel con nuestro mundo moderno? ¿Por qué leer un libro que repasa los mismos eventos que se encuentran en Samuel y Reyes?

En el mundo hispano, a menudo se le pregunta a una persona desconocida: «¿Y usted, de quién es hijo (o hija)?». Quien hace la pregunta está tratando de localizar a la persona desconocida en el centro o en la periferia de la red de afinidades y parentescos a la cual pertenece. De igual modo, en el mundo antiguo las listas genealógicas eran muy importantes puesto que realzaban las raíces familiares de personajes importantes como el rey David. Las genealogías en Crónicas establecen que David es de la tribu de Judá y también trazan la lista de sus descendientes. El pueblo de Judá —marginado en el gran imperio de Babilonia— se posiciona al centro de la obra de Dios por medio de estas listas, porque la esperanza mesiánica para el mundo entero está enfocada en la casa de David.

Los autores del Nuevo Testamento se basaron en las genealogías de Crónicas para mostrar que Jesús pertenecía a la casa de David y por lo tanto cumpía la promesa que Dios le hizo a David: «Jehová me prometió que cumplirá sus promesas y que nunca faltará un descendiente mío en el trono de Israel, siempre que mis hijos se porten bien con él, y le sean leales de corazón» (1 R 2.4). Así vemos que el evangelio de Mateo traza la genealogía de Abraham hasta Jesús el Cristo (el ungido o Mesías) (Mt 1.2-16), y Lucas traza la genealogía de Jesús hijo de José hacia atrás hasta llegar a Adán, hijo de Dios (Lc 3.23-28).

Otro aspecto importante de estas genealogías es que no definen la obra de Dios en el mundo solamente por medio de la relación de Jehová con Israel. En el primer capítulo de Crónicas encontramos la descendencia de toda la humanidad. Y aunque se reducen y enfocan su interés solamente sobre la descendencia de las tribus de Israel, no omiten a personas que no pertenecían a las tribus, pero que se incorporaron a ellas (el caso de Rahab, por ejemplo). Así podemos decir que este texto bíblico le ofrece a toda la humanidad la oportunidad de participar en la obra de Dios.

Crónicas realza muchos aspectos del culto de Israel que tienen afinidad con el culto en las iglesias hispanas. Entre ellos están la importancia de la alabanza y la celebración; la lectura de la palabra y el testimonio de «todo lo que Dios ha hecho por uno». Pero el tema de que un pueblo casi totalmente aniquilado puede poner su fe en un Dios que salva, y que esto le permite rehacer su identidad y restablecer vínculos familiares y sociales, es quizás todavía más significativo, pues muchos han sido los pueblos hispanos que han estado al borde de la aniquilación y han renacido...

Comentario

En este comentario vamos a enfocar especialmente las partes de Crónicas que estos autores añaden a los eventos narrados en los otros libros históricos, para ver cómo cambia la interpretación de la historia de Israel y Judá.

1. Genealogías del pueblo de Israel: 1 Cr 1-9

¿Cómo unificar a un pueblo disperso que regresa a reconstruir su tierra? Crónicas comienza con una serie de genealogías, listas de antepasados que se remontan hasta Adán. Estas proveen muy pocos detalles sobre eventos en la historia del pueblo de Israel, pero sí señalan sus raíces a través de lazos familiares.

Las líneas genealógicas comienzan con Adán y toda la humanidad, pero luego enfocan a los patriarcas de Israel, y entre ellos los hijos de Judá, antepasado de David. Luego trazan a los hijos de David y Salomón (y dan una breve reseña de las otras tribus) para terminar con los descendientes de Leví, la tribu sacerdotal que Crónicas enfoca como verdaderos sacerdotes de Jehová por orden de Moisés.

Para los autores de Crónicas el servicio en el templo según las normas establecidas por Moisés es fundamental, y esto se nota en el cuidado con que separa las líneas genealógicas de dos tipos de sacerdotes: los levitas, descendientes de Leví, y los descendientes de Aarón. El árbol genealógico de los levitas subraya la identidad del sacerdote (Asarías) que ejerció el sacerdocio durante la época de Salomón, y también del que lo ejerció cuando el pueblo fue llevado a su cautiverio: «Josadac fue llevado cautivo cuando Jehová deportó a Judá y a Jerusalén por mano de Nabucodonosor» (1 Cr 6.15). La genealogía sacerdotal que se remonta hasta Aarón es la raíz de la familia del sumo sacerdote: «Pero Aarón y sus hijos ofrecían sacrificios sobre el altar del holocausto, y sobre el altar del perfume quemaban incienso, y ministraban en toda la obra del Lugar santísimo, y hacían las expiaciones por Israel conforme a todo lo que Moisés, siervo de Dios había mandado» (1 Cr 6.49). Crónicas también traza las ciudades y los ejidos que fueron dados a estos dos grupos sacerdotales durante la época de Josué (1 Cr 6.54-81). Así pues, este libro muestra las raíces del pueblo de Israel y también la auténtica descendencia del sacerdocio de los hijos de Leví, de los levitas nombrados como cantores, y de los sacerdotes de la casa de Aarón.

Después de repasar las genealogías de todas las tribus de Israel, Crónicas regresa al presente (al tiempo de sus primeros lectores), durante la época después del destierro. En el capítulo 9 habla del regreso de los desterrados usando de nuevo ¡las genealogías!: «Los de Judá fueron deportados a Babilonia por su rebelión. Los primeros habitantes que entraron en sus posesiones en las ciudades fueron Israelitas, sacerdotes, levitas y sirvientes del templo» (1 Cr 9.1-2). El resto del capítulo despliega los miembros de cada una de estas categorías: entre los israelitas, o la gente común, estaban los hijos de Judá, hijos de Benjamín, hijos de Efraín y Manasés, hijos de los silonitas, hijos de Zera. También da una lista de sacerdotes, levitas y porteros que trabajaban en el templo y eran jefes de familia. Contando todos los miembros de estas familias, Crónicas indica en este capítulo una población de aproximadamente 3000 habitantes. Pero le dedica más detalle al ministerio de los porteros o guardias de las puertas: «Todos estos, escogidos para ser guardias de las puertas, eran doscientos doce cuando fueron contados en sus villas, según el registro de sus genealogías, los cuales habían sido establecidos en sus cargos por David y Samuel, el vidente» (1 Cr 9.22). Así vemos que los cargos de los que oficiaban en el Tabernáculo (y luego en el templo), fueron establecidos por obra de Moisés y de David.

Después de desplegar las genealogías de todo el pueblo de Israel, Crónicas comienza a relatar la historia de la monarquía en Israel...

2. El imperio de David: 1 Cr 10-29

Crónicas da un giro retrospectivo —vuelve hacia atrás en la historia de Israel— y comienza el relato sobre la monarquía en Israel con la genealogía de Saúl, primer rey de Israel. El gran tema del libro de las Crónicas es que del desastre sale el bien. Por lo tanto, la historia de la monarquía comienza con el desastre de la muerte de Saúl y sus hijos.

Luego sigue la historia del imperio de David, que Crónicas presenta como el rey perfecto omitiendo su adulterio con Betsabé y reinterpretando el censo del pueblo como una tentación de Satanás. Este libro traza básicamente los mismos eventos que se encuentran en el libro de Samuel, salvo los momentos en que David sirvió al rey, en que tuvo que huir de

Saúl, y también el momento en que Samuel ungió a David rey de Israel. La triple unción que se encuentra en el libro de Samuel —la del profeta, la de Judá y la de las tribus de Israel— no ocurre en escenas separadas en Crónicas. Sin embargo, hay una referencia a ellas:

Entonces todo Israel se congregó en torno a David en Hebrón y le dijeron: «Nosotros somos tu hueso y tu carne. También antes de ahora, mientras Saúl reinaba, tú eras quien sacaba a la guerra a Israel, y lo volvías a traer. También Jehová tu Dios te ha dicho: "Tú apacentarás a mi pueblo Israel, y tú serás príncipe sobre Israel, mi pueblo"» (1 Cr 11.1-2).

David es ungido rey sobre todas las tribus en Hebrón, que formaban parte del territorio de Judá. Así pues, el reino de David es legitimado inmediatamente en una sola escena por todos los miembros de Israel.

Crónicas toma otro paso atrás en el tiempo para mostrar cómo los guerreros empezaron a unirse a David cuando estuvo en el destierro, en el «lugar fuerte» en Siclag, donde se escondió de Saúl. Se le unieron «los valientes que le ayudaron en la guerra» (1 Cr 12. 1-2), incluyendo hermanos de Saúl de la tribu de Benjamín, hombres de Gad, de las tribus de Manasés, Isacar, Zabulón, Neptalí, Dan, Aser... Según este libro, «Cada día llegaba ayuda a David, hasta que se formó un gran ejército, como un ejército de Dios» (1 Cr 12. 22). A Saúl y a sus hijos los mataron más tarde los filisteos, pero este texto muestra que el pueblo ya había transferido su lealtad al nuevo rey.

«Todos estos hombres de guerra, dispuestos para guerrear, fueron con corazón perfecto a Hebrón para poner a David como rey sobre todo Israel... y estuvieron allí con David tres días comiendo y bebiendo, porque sus hermanos habían provisto para ellos. También los que eran vecinos, hasta Isacar y Zabulón y Neptalí (la frontera norte de Israel) trajeron víveres... porque en Israel había alegría» (1 Cr 12.38-40).

Desde Siclag (antes de la muerte de Saúl) hasta Hebrón (después de la muerte de Saúl), David fue aclamado rey de Israel por el pueblo y por los guerreros.

Crónicas representa a David como el rey perfecto que instituye el verdadero culto de Jehová según las órdenes de Moisés. Así vemos que toma dos eventos claves en la vida de David —el transferir el Arca a Jerusalén, y el momento en que David le pregunta a Jehová si debe construir un templo— para enfocar este tema. Este libro representa a David tomando la decisión de transferir el Arca de la alianza en conjunto con el pueblo y con sus capitanes de guerra. Hace hincapié en la participación de los sacerdotes y levitas que serían llamados de todo el territorio de Israel donde se encontraban esparcidos. La serie de eventos es la misma. Tratan de transportar el Arca en un carro con bueyes y éste se desliza matando a Uza, el que quiso detenerlo. Dejan el Arca en casa de Obed-Edom por tres meses, y entonces la traen a la ciudad de David. En todo esto, Crónicas añade y amplifica el papel de los sacerdotes y levitas. En boca de David, interpreta el primer intento como un sacrilegio:

Luego llamó David a los sacerdotes Sadoc y Abiatar, y a los levitas... y les dijo: «Vosotros, que sois los principales padres de las familias de los levitas, santificaos, vosotros y vuestros hermanos, y llevad el Arca de Jehová, Dios de Israel, al lugar que he preparado; pues por no haberlo hecho así vosotros la primera vez, Jehová, nuestro Dios, nos quebrantó, por cuanto no le buscamos según sus ordenanzas» (2 Cr 15.11-13).

El culto a Jehová queda instalado en la ciudad de David (aunque no en un templo), porque se ofrecían holocaustos según lo que había prescrito la Ley. A esta fidelidad a la Ley, David añade la alabanza perpetua, pues había oficiales designados a esta tarea. «Con ellos estaban Hemán, Jedutún y los otros escogidos, designados por sus nombres, para glorificar a Jehová, porque es eterna su misericordia» (1 Cr 16.41). Los capítulos 22 a 26 relatan los planes que David hizo para que su hijo construyera el templo y para instalar el culto como Jehová le había mandado.

3. Reino de Salomón: 2 Cr 1-9

La historia de la sucesión de David por Salomón es muy diferente a la que narra Reyes. Reyes enfoca la enfermedad de David y el reto de Adonías, su hijo mayor, que quiso proclamarse rey. También vemos (en Reyes) una profunda división entre las personas alrededor del rey. Hay algunos que se van con Adonías y otros son fieles a David. En medio de esta conspiración, el rey estaba enfermo y débil. Pero Crónicas representa esta transición como la culminación de los preparativos para construir el templo. David se levanta en medio de la asamblea del pueblo y la entrega el reino a Salomón aconsejando a su hijo:

«Salomón, hijo mío, reconoce al Dios de tu padre, y sírvele con corazón perfecto y con ánimo generoso; porque Jehová escudriña los corazones de todos y entiende todo intento de los pensamientos. Si tú le buscas, lo hallarás, pero si lo dejas, él te desechará para siempre. Mira pues, ahora, que Jehová te ha elegido para que edifiques Casa para él; santuario; ¡esfuérzate y hazla!» (1 Cr 28.9-10).

El segundo libro de Crónicas continúa la historia del reino de Salomón. Narra una versión abreviada del don de la sabiduría a Salomón y relata la construcción del templo. Pero es a la dedicación del templo que le da más amplitud. Crónicas toma casi la misma oración que hace Salomón frente a Jehová en Reyes, pero al final añade un sacrificio en el que ocurre algo similar a lo que ocurrió con Elías en el monte Carmelo (1 R 18.36-8):

«Cuando Salomón acabó de orar, descendió fuego de los cielos y consumió el holocausto y los sacrificios, y la gloria de Jehová llenó la casa de Jehová, porque la gloria de Jehová la había llenado. Cuando vieron todos los hijos de Israel descender el fuego y la gloria de Jehová sobre la Casa, se postraron sobre sus rostros en el pavimento y adoraron, y alabaron a Jehová, diciendo: "Porque él es bueno, y su misericordia es para siempre"» (2 Cr.7 1-3).

Esta visión exaltada de Salomón como el rey que continúa el verdadero y fiel culto a Jehová establecido por su padre nunca se empaña en Crónicas, como en el libro de los Reyes. Según Reyes, el origen de la apostasía de Salomón son los matrimonios que contrae con mujeres de otros pueblos para las que construye altares a dioses extranjeros. Pero en Crónicas, Salomón nunca cae en esa tentación. «Trasladó Salomón a la hija del faraón, de la Cuidad de David a la casa que él había edificado para ella; porque dijo: "Mi mujer no habitará en la casa de David, rey de Israel, porque aquellas habitaciones donde ha entrado el Arca de Jehová son sagradas"» (2 Cr 8.11). De hecho, las mujeres no tienen un papel tan prominente en la historia de Salomón en Crónicas como lo tienen en Reyes. El texto menciona solamente a la hija del faraón y a la Reina de Sabá y la relación del rey con ambas enfatiza su fidelidad a Jehová.

Crónicas culpa a Roboam, hijo de Salomón, de la división de Israel en dos reinos. Éste se rehúsa a escuchar la petición del pueblo para que cambie las injusticias de su padre: «Tu padre agravó nuestro yugo; alivia ahora algo de la dura servidumbre y del pesado yugo con que tu padre nos apremió, y te serviremos» (2 Cr 10.4). Esta es la única crítica de Salomón que Crónicas conserva.

4. Reinos de Judá: 2 Cr 10-36

Crónicas enfoca casi exclusivamente a los reyes de Judá, el reino del sur, salvo si un rey del norte hace impacto sobre la historia que está desarrollando. En esta sección vamos a investigar brevemente los dos reyes importantes en el desarrollo teológico de los deuteronomistas: Ezequias y Josías.

4.1. Ezequías

Crónicas presenta a Ezequías como uno de los grandes reyes que restableció el verdadero culto a Jehová después que Acaz, su antecesor, estableció el culto a los dioses de Damasco porque lo habían derrotado. Ese rey era oportunista, dijo: «Puesto que los dioses de los reyes de Siria les ayudan, yo también ofreceré sacrificios a ellos para que me ayuden» (2 Cr 28. 23). Acaz destruyó los utensilios del templo, cerró las puertas, y construyó altares por toda Jerusalén. En cambio Ezequías «abrió las puertas de la casa de Jehová y las reparó. Hizo venir sacerdotes y levitas...» (2 Cr 29.3), e hizo todo lo que David había prescrito para la institución del servicio a Jehová según las normas de Moisés. Este rey, que en Reyes y en el libro del profeta Isaías aparece como un hombre de carácter y constitución débiles, aquí aparece como un gran reformador.

Crónicas añade un episodio que no ocurre en Reyes. Ezequías celebra la pascua en Jerusalén invitando a toda la gente, «desde Beerseba a Dan», o sea a todos los que vivían en el territorio que antes ocupaba el reino unido. La razón dada en el texto es que no había suficientes sacerdotes santificados en el resto del territorio de Israel. Así pues, una gran muchedumbre llega a celebrar la pascua dándole la oportunidad al rey de exhortarlos para que viviesen de acuerdo a la ley de Moisés (2 Cr 30.7-9). Fue una estrategia astuta, porque de esta manera el rey creó un movimiento de peregrinaje hacia Jerusalén, con todas sus ventajas religiosas y económicas.

Crónicas toma esta oportunidad para presentar la falta de fidelidad a las normas de las tribus del norte —Efraín, Manasés, Isacar y Zabulón— que comieron la pascua sin purificarse. Ezequías intercede por ellos: «Jehová que es bueno, sea propicio a todo aquel que ha preparado su corazón para buscar a Dios...» (2 Cr 30.18). El énfasis habitual de Crónicas sobre la perfección en el culto a Jehová, es templado aquí por la misericordia hacia las tribus del norte.

4.2 Josías

Como Reyes, Crónicas representa a Josías como el gran reformador en cuyo reinado fue descubierto el libro de la Ley en el templo. De hecho, la historia de este rey es casi una réplica exacta de la que se encuentra en el libro de los Reyes, pero sí hay algunos cambios interesantes. En Reyes es Josías, no Ezequías, el rey que restituye el culto en el templo de Jerusalén; y es solamente Josías quien celebra la pascua. Según Reyes, la reforma de Josías se inicia cuando el libro de la ley de Moisés (probablemente el Deuteronomio) fue encontrado en el templo. Según Crónicas, la reforma de Josías ya había comenzado cuando fue encontrado el libro de la Ley. Crónicas disminuye la contribución de este rey y realza la de Ezequías.

Conclusión

El libro de las Crónicas cierra con un texto tomado de Esdras que relata el decreto de Ciro, rey de los persas, por medio del cual manda al pueblo de Israel a reconstruir el templo de Jehová. Crónicas interpreta este gesto como el cumplimiento de una profecía: «En el primer año de Ciro, rey de los persas, para que se cumpliera la palabra de Jehová dada por boca de Jeremías...» (2 Cr 36. 22). De esta manera explica la obra de reconstruir el templo que comienza en 1 Cr 9.1-34 con la genealogía de todos los que regresaron a Jerusalén: «los primeros habitantes que entraron en sus posesiones en las ciudades... israelitas, sacerdotes, levitas y sirvientes del Templo».

Epílogo

Josué escribió allí sobre las piedras
una copia de la ley de Moisés,
la cual escribió delante de los hijos de Israel.
Lectura y escritura de la Ley
en el Monte Ebal
Jos 8. 32

Decíamos al principio que «El transcurso de la historia de un pueblo puede cambiar con el descubrimiento de un libro».

Imaginemos lo que hubiera pasado si el pueblo de Israel no hubiera conservado y escrito su experiencia de la presencia de Dios en la historia. No existiría la ley de Moisés, que Josué escribió de nuevo sobre piedras para situar la conquista de Canaán dentro del plan de Jehová para su pueblo. Israel no tendría memoria; y su identidad como pueblo de Dios se hubiera borrado con el pasar de los años...

¿En qué consiste la memoria de Israel conservada en los libros históricos?

Los libros históricos son el testimonio de vida de un pueblo que lucha por caminar con Jehová, y a veces corre para alejarse de él. Son testimonio de la fidelidad e infidelidad de Israel; del rechazo total de Jehová y del profundo arrepentimiento de los líderes del pueblo; de la esperanza que renace aun cuando el pueblo casi desaparece de la faz de la tierra. Son libros en los cuales se entretejen la gracia, la misericordia y el pecado.

Los libros históricos transmiten el testimonio de la bondad de Jehová ante la imperfección de su pueblo —una imagen de Dios que para muchas personas es difícil de aceptar. La ley de Moisés estipulaba que toda persona que celebraba la Pascua tenía que santificarse; pero «una gran multitud del pueblo de Efraín y Manasés, y de Isacar y Zabulón, no actuaron conforme a lo que está escrito, pues comieron la Pascua sin haberse purificado» (2 Cr 30.18). Pero el rey Ezequías ora por aquellas personas que adoran a Jehová a pesar de su imperfección diciendo: «Jehová que es bueno, sea propicio a todo aquel que ha preparado su corazón para buscar a Dios...» (2 Cr 30.18). La oración de Ezequías despliega otro concepto de la santificación. Santificarse es preparar el corazón para buscar a Dios y no para huir, como el pueblo de Israel lo había hecho tantas veces en el pasado. Dios responde con infinita misericordia, tocando al pueblo en su imperfección. «Jehová oyó a Ezequías y sanó al pueblo» (2 Cr 30.20). Preparar el corazón para buscar a Jehová complace a Dios tanto como actuar conforme a lo que está escrito...

Los libros históricos preservan el testimonio del impacto que rápidos y frecuentes cambios culturales tuvieron sobre Israel, sobre sus instituciones sociales y sobre su relación con Dios. Estos libros preservan la historia de un pequeño pueblo que existió tercamente al margen de los grandes imperios de su época. Caudillos, jueces, profetas, reyes... todos estos personajes encarnaron las transiciones que imponía el momento histórico y las culturas que rodeaban el pueblo de Israel. Jehová suscitó jueces para liberar a su pueblo del impacto de su propia desobediencia. Israel pidió un rey para defenderse de sus enemigos. El espíritu de Dios movió a Hulda, la profetisa, para condenar los abusos religiosos de los antepasados de Josías, muchos de los cuales se acomodaron a los dioses de las culturas vecinas. Estos libros son el testimonio de un pueblo que tuvo que luchar por discernir, entre todas las culturas que le rodeaban, lo que más agradaba o desagradaba a Dios...

¿Memoria de Israel, memoria hispana?

Luchar por caminar con Dios, preparar el corazón para buscar a Dios, resistir o adaptarse al impacto de una cultura dominante... Los hispanos compartimos estas experiencias con el pueblo de Israel. Sin embargo, ahora nosotros escribimos el relato de nuestro caminar con Dios. Pero no en un vacío, pues la memoria de Israel es nuestra heredad —la piedra sobre la cual escribimos nuestra historia.

Bibliografía selecta

Adoul, André, *Josué* (Barcelona: Editorial CLIE, 2002).

Bernabé Ubieta, Carmen, «Memoria y mestizaje», *Revista reseña bíblica* (Pamplona: Editorial Verbo Divino, 2003).

Brown, Raymond E. Joseph A. Fitzmeyer, Roland E. Murphy, *Nuevo comentario bíblico San Jerónimo* (Pamplona: Editorial Verbo Divino, 2004).

Buis, Pierre, «El libro de los Reyes», *Cuadernos bíblicos* (Pamplona: Editorial Verbo Divino, 1980).

Byler, Dionisio, *Genocidios en la Biblia: Ensayos sobre la violencia y la no-violencia en la historia del pueblo de Dios* (Barcelona: Editorial CLIE, 1998).

Camp, Claudia V., «1 and 2 Kings » en *The Women's Bible Commentary with Apocrypha*, (eds) Carol A. Newsom y Sharon H. Ringe (Louisville: Westminster John Knox, 1998), 102-116.

Campos Santiago, Jesús, «El exilio», *Revista reseña bíblica* (Pamplona: Editorial Verbo Divino, 1999).

Edersheim, Alfred *Comentario histórico al Antiguo Testamento: De Josué a Salomón, Tomo II* (Barcelona: Editorial CLIE, 1997).

Equipo «Cahiers dévangile» *Biblia y realeza* (Pamplona: Editorial Verbo Divino, 1980).

García-Treto, Francisco O. «The Lesson of the Gibeonites: A Proposal for Dialogic Attention as a Strategy for Reading the Bible» en *Hispanic/ Latino Theology: Challenge and Promise*, ed. Ada María Isasi-Díaz y Fernando F. Segovia (Minneapolis: Fortress Press, 1996), 73-85.

González, Justo L., *Santa Biblia: The Bible Through Hispanic Eyes* (Nashville: Abingdon Press, 1996).

Haag, H. A van den Born, S. de Ausejo, *Diccionario de la Biblia* (Barcelona: Herder, 2000).

Hackett, Jo Ann, «1 and 2 Samuel» en *The Women's Bible Commentary with Apocrypha*, (eds) Carol A. Newsom y Sharon H. Ringe (Louisville: Westminster John Knox, 1998), 91-101.

Hoff, Pablo *Los libros históricos* (Miami: Editorial Vida, 1980).

Jaramiella Rivas, Pedro, Manuel Pérez Tendero, «Los pobres en la Biblia», *Revista reseña bíblica* (Pamplona: Editorial Verbo Divino, 2001).

Kaiser, Walter C., *Hacia una teología del Antiguo Testamento* (Miami: Editorial Vida, 2000).

Laffey, Alice, «1 and 2 Chronicles» en *The Women's Bible Commentary with Apocrypha*, (eds) Carol A. Newsom y Sharon H. Ringe (Louisville: Westminster John Knox, 1998), 117-122.

Levoratti, Armando J., (eds) *Comentario bíblico latinoamericano, AT 1* (Pamplona: Editorial Verbo Divino, 2004).

Martinez, José M. *Hermenéutica bíblica* (Barcelona: Editorial CLIE, 1984).

Millos, Samuel Pérez, *Comentario exhaustivo al Antiguo Testamento - Josué* (Barcelona: Editorial CLIE, 2004).

Noel, Damien, «El tiempo de los reyes de Israel y de Judá», *Cuadernos bíblicos* (Pamplona: Editorial Verbo Divino, 2002).

Nolan Fewell, Dana, «Joshua» en *The Women's Bible Commentary with Apocrypha*, (eds) Carol A. Newsom y Sharon H. Ringe (Louisville: Westminster John Knox, 1998, 69-72).

Nolan Fewell, Dana, «Judges» en *The Women's Bible Commentary with Apocrypha*, (eds) Carol A. Newsom y Sharon H. Ringe (Louisville: Westminster John Knox, 1998), 73-83.

Bibliografía selecta

Packer, J.I., Cerril C. Terney y William White, *El mundo del Antiguo testamento* (Miami: Editorial Vida, 1985).

Von Rad, Gerhard *Teología del Antiguo Testamento, vol. 1 y 2* (Salamanca: Ediciones Sígueme, 1969).

Ramirez Muñóz, Guillermo, *Introducción al Antiguo Testamento* (Nashville: Abingdon Press, 2003).

Wénin, André, «Samuel, Juez y Profeta», *Cuadernos bíblicos* (Pamplona: Editorial Verbo Divino, 1980).